本书是2016年度黑龙江省哲学社会科学规划项目"新常态下东北老工业基地国企改革与创新"（项目编号：16JYE19）、2018年度黑龙江省省属高校基本科研业务费科研项目"中俄财会制度趋同性研究"（项目编号：2018-KYYWF-1263）及2018年度黑龙江省省属高校基本科研业务费科研项目"新常态下黑龙江省边境企业风险新特征"（项目编号：2018-KYYWF-1264）的阶段性成果

东北地区国有企业体制改革路径及财税制度研究

尤春明 宁艳杰 张继周 李月秋 著

Research on the Reform Path of State Owned Enterprises in Northeast China and the Exploration of Finance and Taxation System

中国社会科学出版社

图书在版编目（CIP）数据

东北地区国有企业体制改革路径及财税制度研究 / 尤春明等著. —北京：中国社会科学出版社，2020.6
ISBN 978-7-5203-6762-2

Ⅰ.①东… Ⅱ.①尤… Ⅲ.①国有企业—经济体制改革—研究—东北地区②国有企业—财政制度—研究—东北地区③国有企业—税收制度—研究—东北地区 Ⅳ.①F279.241

中国版本图书馆CIP数据核字（2020）第115887号

出 版 人	赵剑英
责任编辑	宋燕鹏
责任校对	沈　旭
责任印制	李寡寡
出　　版	中国社会科学出版社
社　　址	北京鼓楼西大街甲158号
邮　　编	100720
网　　址	http://www.csspw.cn
发 行 部	010-84083685
门 市 部	010-84029450
经　　销	新华书店及其他书店
印　　刷	北京明恒达印务有限公司
装　　订	廊坊市广阳区广增装订厂
版　　次	2020年6月第1版
印　　次	2020年6月第1次印刷
开　　本	710×1000 1/16
印　　张	12.5
插　　页	2
字　　数	175千字
定　　价	78.00元

凡购买中国社会科学出版社图书，如有质量问题请与本社营销中心联系调换
电话：010-84083683
版权所有　侵权必究

前　　言

本书是对我国东北地区国有企业改革和财税制度变化的一个关注。回顾东北地区国有企业改革的历程，是在党的领导下"摸着石头过河"的过程，是关于国有企业发展和财税制度改革实践不断丰富和完善的过程。

中国经济步入新常态后，经济走上增速放缓、结构优化、依靠创新驱动的道路。2016年，中共中央、国务院印发了《关于全面振兴东北地区等老工业基地的若干意见》，明确把进一步推进国企改革作为新一轮振兴东北的战略重点。振兴东北，必须抓住国有企业改革的关键环节，建立现代企业制度，增强国有企业活力，提高国有企业的经济效益，让国有企业在东北老工业基地振兴中充分发挥积极作用。

2018年9月，习近平总书记到东北视察时强调："落实党中央关于东北振兴的一系列决策部署，坚持新发展理念，解放思想、锐意进取、瞄准方向、保持定力、深化改革、破解矛盾、扬长避短、发挥优势，以新气象新担当新作为推进东北振兴。"因此，在新一轮东北振兴过程中，国有企业改革已进入"深水区"，要啃"硬骨头"，深化国企改革必须破除利益的禁锢和思想的藩篱。本书在把握东北地区国有企业改革发展的脉络基础上，阐述了国有企业改革的现状，剖析了东北地区国企改革面临的困境及原因，并指出了改革路径：要遵循市场经济规律，以建立现代企业制度为核心，以混合所有制改革为突破口，以公司治理机制为重点，完善财务监管体系和融资体系，重塑市场主体，激发国有企业活力和创造力。同时，为了更好地服务我国市场经济发展，对东北地区国有企业财税制度的改革发展也进行了积极探索。

新时代东北老工业基地国有企业发展要走出面临的困境，必须坚持党的领导，按照分类改革和共存共赢原则进行顶层设计，引导社会效益的市场机制，打破垄断，提高效率，促进公平，最终实现国有企业改革的目标。最后，希望通过本书的编著，能够为东北地区国有企业发展、东北老工业基地振兴贡献微薄之力。

目　　录

第一部分　东北地区国有企业改革的历史与现状

第一章　北地区国有企业改革的历史脉络 ……………………（3）
第二章　东北地区国有企业改革的现状 ………………………（16）

第二部分　东北地区国有企业改革历史问题分析

第一章　北地区国有企业存在的问题 …………………………（25）
第二章　创新要素分析 …………………………………………（38）
第三章　高管薪酬分析 …………………………………………（44）
第四章　风险控制分析 …………………………………………（46）

第三部分　东北地区国有企业改革路径

第一章　完善国有企业内部控制 ………………………………（63）
第二章　完善国有企业监管体系 ………………………………（71）
第三章　加强国有企业融资体系建设 …………………………（83）
第四章　加强国有企业的资本经营 ……………………………（96）
第五章　完善国有企业金融体系 ………………………………（107）
第六章　健全国有企业的绩效评价体系 ………………………（117）

第四部分　财税制度探索

第一章　基于多元分析的财务报告分析模式研究 …………（127）
第二章　企业合并报表编制方法探析……………………（136）
第三章　风险在财务评估中的应用探讨
　　　　——以 TCL 公司为例 ……………………………（145）
第四章　追溯调整法总结与探讨……………………………（160）
第五章　摊余成本问题探讨…………………………………（171）
第六章　浅析我国新《租赁》准则的会计处理 ……………（178）

参考文献 ………………………………………………………（192）

后　　记 ………………………………………………………（195）

第一部分
东北地区国有企业改革的历史与现状

第一章　东北地区国有企业改革的历史脉络

一　打破计划经济模式阶段（1978—1992 年）

1978 年至 1984 年是东北国有企业启动股份制改革试点阶段。1992 年，邓小平南方谈话和党的十四大之后，我国国有企业改革进入放权让利阶段。这一阶段并没有触及原有的公司制度，而是探索和尝试以"权利、责任、利益"为基本特征的政府与企业关系的调整，也包括股份制产权改革和非产权改革。总的来说，这一阶段非产权改革是国企改革的主要途径。

改革开放之前，我国国有企业的主要问题是政企不分。改革开放之初，国家对东北地区国有企业实行的是计划垄断，企业损益由国家掌控。国有及国有控股企业数量多，占比高，忽视商品生产、价值的市场规律，分配上也存在严重的平均主义现象。国民经济发展的主要症结是国有企业效率低下。由于我国财政收入的主要来源是企业的利润，因此，我国政府提出"振兴企业"的战略目标。这一时期，东北地区国有企业改革的核心是权力下放和利益转移，以此来振兴东北地区的国有企业。管理学理论认为，决定企业绩效的主要因素不是企业的所有权，而是企业的经营控制和具体的激励机制。在此基础上，党的十一届三中全会提出"企业要有更大的经营自主权"。由此，东北地区国有企业开展了扩大自治、增加利润、完善合同责任等改革试点任务，从"权利、责任、利益"的三维视角调整国家与国有企业的关系,进一步明确了企业的利益主体地位,调动了企业及员工的生产经营积极性,增强了企业发展活力。因此,这一阶段东北地区国有企业主要进行了国有资产产权保护、国有企业扩大经营权等方面的改革,非产权改革方面主要包括扩大自主试点企业、实行经济责任制、实行利税分步改革和承包制。具体来说,这一时期主要分为以下两个改革阶段。

(一)权力下放和利润转移阶段(1978—1984年)

这一阶段的主要措施是改革国有企业的管理,主要通过提高利润率和征收固定资产税来扩大国有企业的经营自主权。传统国有企业是政府垄断企业的管理权、产品控制权和收益处分权,这就导致国有企业长期处于低效经营状态。我国对国有10家刀片厂和宁江机床厂在内的多家企业开展了扩大自主经营的改革试点工作,让那些在增加收入的基础上保留部分利润的员工得到了一定数量的奖金,同时,允许东北地区国有企业在国家强制性计划之外进行生产活动,并允许出口企业保留部分外汇储备。通过改革,使得企业管理权发生了部分转移,从而使企业经营者对剩余产品拥有了一定的控制权和索取权。

到1980年6月,国企改革试点企业达到了6600家,约占全国工业企业总数的16%,产值的60%,利润的70%。在1981—1982年,国务院提出加强国有工业企业的经济责任制,以提高经济效益。1983年4月,国务院开始实施两步走的"利税改革",即东北地区国有企业上缴给政府的利润由利税代替。国家希望通过以税收形式进行利润分享,提高东北地区国有企业的经济自主权,提高东北地区国有企业在经济管理中的主动性和积极性。然而,由于税率过高(高达55%),企业无法达到纳税标准。"利税改革"政策只延续到1986年底便宣告失败。

因此,这一时期的东北地区国有企业改革仍是在原计划经济体制下进行的。从结果来看，虽然改革成效有限，但经济在持续增长。这一时期国家预算平衡由 1978 年的 10.7 亿元赤字增加到 1979 年的 135.41 亿元盈余。这一阶段的改革之所以有效，主要是因为改革阻力小，容易被全社会接受，通过改革企业经营更加趋于稳定。

（二）合约制经营阶段（1985—1992 年）

这一阶段主要是国有企业从经营权到所有权的改革。随着改革持续深入，涉及国有企业产权是必然的。国有企业改革没有产权改革就没有出路。这一时期产生的改革思想是将国有企业的改革局限于原有的产权关系，进一步推动或深化权力层的改革，相应的制度选择是企业合同制度或租赁制度。政府决策部门也倾向于这一改革思路。根据发展社会主义计划商品经济的要求，国家决定全面推进经济体制改革，重点搞活企业特别是国有大中型企业。

按照这一目标要求，东北地区国有企业开始进行"两权分立"改革，即国家所有权和企业经营权分离。国有大中型企业普遍实行了承包经营责任制。到 1981 年底，企业承包预算占总预算的 78%，大中型企业承包预算占总预算的 80%。到 1990 年第一轮合同到期时，预算中工业企业 3.3 万家，占合同企业总数的 90% 以上。到 1992 年，98% 的东北地区国有大中型企业都进行了两轮不同程度的承包经营。

合同制度也有其自身缺陷，财富的所有权和使用权分离，所有者缺位，所有权不能约束管理权，会造成管理者为寻求个人利益而造成权力滥用或小集体利益，也会产生内部人控制现象，而导致东北国有资产流失。承包和租赁的改革结果引起了社会各界的强烈批评和反对。从经营者的角度看，非法租赁会造成不顾国家利益，通过法律或合同追求自身利益的最大化。因此，政府对商业的态度仍然温和。企业只承担利润而不承担亏损，这不仅会减少国家财政收入，还会导致承包商和租户的短期行为和机会主义行为，最终可能导致国有企业资产空心化。

不同于合同制度和租赁制度的改革，国内理论界的一些学者提出了深化国有企业所有制层次的内部管理结构改革。

实际上，国有企业改革主体参与不够，管理人才缺乏，许多改革试点的企业员工通过内部借钱购买股票，或者公共财产已被改造成私人股份，最终很难推动股份制改革的成功。改革方向迷茫，改革效果不理想，改革不能顺利进行。从1978年到1992年，这一阶段我国国有企业改革聚焦在"权力扩张和利润转移"两个方面，所有权和经营权的"分离"，国有企业改革寻求改革的正确方向和路径通过不断探索，改革措施逐渐调整，从"摸着石头过河"到改革的逐步深入，主要以合同管理责任制促进改革。

从本质上说，在以不触及东北原有社会组织和原来国有企业的系统模式的前提下，调整国家和企业之间的利益关系为重点，通过改革改变东北地区国有企业如何管理的问题。针对这种情况，国家通过贷款调整来控制国有企业的投资风险，通过"税制改革而非利润改革"来提高国有企业的生产和创新积极性。此外，建立以合同为基础的多种形式的管理责任体系，标志着政府责任与企业责任的分离。

这一时期"三权分立"改革思想开始出现，政府与企业关系的调整不再局限于分配关系，事实上，企业已经取得了一定的产权，东北地区国有企业开始从行政附属物向商品生产者转变，东北地区国有企业改革也开始从经营权向所有权转变。党的十一届三中全会指出国有企业要在市场竞争中把握自己的方向。总之，这一阶段国有企业改革取得了显著成绩，积累了丰富的经验。但同时也增加了风险，这与产权的扭曲有关。如国有企业和商业银行都是国有的，它们之间的合同关系尚不清楚。地方政府青睐国有企业，因为它们与地方税收和业绩挂钩，而银行也是国有的，改革失败的结果也必将由政府来"买单"。

二 现代企业制度的初探阶段（1993—2002 年）

（一）建立现代企业制度试点阶段（1993—1997 年）

经过十几年的改革发展，我国已看到承包制不仅不能促进东北地区国有企业适应市场经济的发展，还会导致东北地区国有资产的流失，并使包括大中型企业在内的许多东北国有企业陷入发展困境。因此，必须调整国有企业布局，改变结构不合理的状况。

这一时期的改革措施主要包括：（1）国家不再拥有全部企业，而是拥有部分国有资产的产权和相应的所有者权益；（2）国家只承担有限责任，以出资额为限，不再向企业"缴费"；（3）企业可以引入其他投资者，实现产权多元化。

这些改革措施，第一次明确提出了国有企业改革的方向是在中国东北建立现代企业制度，并确立了目标和步骤，认为要继续深化国有企业改革，必须解决深层矛盾，关注企业创新体系，并指出了现代企业制度的特点是产权清晰，权责明确，政企分开，管理科学。

（二）救助东北地区国有企业阶段（1998—2002 年）

1997 年，党和国家提出了帮助东北地区国有企业走出困境的任务。目标是在 1998 年起的三年内，使东北地区绝大多数大中型国有企业摆脱困境，到 20 世纪末，为东北地区绝大多数大中型国有企业建立现代企业制度。到 2000 年底，这一目标已基本实现。截至 1997 年底，东北地区国有大中型工业企业共有 16874 家，其中亏损 6599 家，占总数的 39.1%。到 2000 年，亏损企业的数量下降了近 3/4，至 1800 户。同时，为帮助东北地区大中型国有企业克服困难，提出建立现代企业制度试点方案，逐步推进企业结构和股份制改革，努力使国有企业和国有控股企业成为东北地区的市场主体和法人，适应市场经济发展的要求。

当然，要把所有企业都办好是不可能的。在一般竞争产业中，与大企业相比从事生产和经营的中小企业没有优势，竞争力较低。针对这种情况，国家对国有企业的布局和结构进行了战略性调整。

东北地区国有企业改革进程中有进步也有倒退。决定明确规定"三大产业"和"两类企业"。三大产业是国家安全产业、自然垄断产业和公共产品企业。两类企业是高新技术产业中为数不多的重点企业和骨干企业。所谓"推进"，就是增加投入，提高效率。在发展方面，这些产业和企业的经济总量将继续增加，发展潜力和前景十分广阔。否则，他们都应该退出。所谓"退出"，是指国有企业退出，为民营经济的发展留出空间。按照"三效益"原则，从多方面支持民营经济的发展。在"进入"和"退出"的过程中，经过几年的改革实践，国有企业的布局和结构取得了积极的进展，获得了显著的成效。

三大产业和两类国有企业实力明显增强。这不仅极大地提高了企业的总量和质量，也提高了企业的管理水平，从而促进了东北地区企业的快速发展。1995—2002 年，东北地区国有工业企业重组、兼并、出售的数量下降 46%，由 77600 家减少到 41990 家，中小企业从 24.5 万家减少到 14.9 万家。

中国东北地区地级市、县级市的小型国有企业通过各地区的重组、联合、兼并、销售等方式转型为民营企业，约占总量的 60%。信贷自由化也得到了实施，促进了东北地区小型国有企业的发展。与此同时，东北地区特别是地方、县、市中小国有企业改革也在不断深化。东北地区小型国有企业产权多元化改革是通过股份制、股份合作制和吸引外资等方式实现的。

经过十年的艰苦奋斗，东北地区国有企业现代化改革取得了举世瞩目的成就，东北地区国有经济布局和结构调整取得了实质性进展。东北地区国有经济和国有资本逐渐集中在对国民经济至关重要的重要产业和重点领域，集中在大型企业中。东北地区国有企业逐渐退出一般竞争产业，开始改变东北地区国有企业过于多元化、分散化的局面。到 2002 年，东北地区 159000 家国有企业中，超过 50% 采用了公司制。1997 年，东北地区国有工商企业实现利润 800 亿元。1998—2002 年底，东北地区国有企业以国有控股公司为主。在中国企业联合会 2003 年创建的中国企业 500 强中，东北地区的国有企业和国有控股企业共有 368 家。

三 现代企业制度的建立阶段（2003—2012 年）

（一）深化现代企业制度建设阶段（2003—2008 年）

中国共产党第十六次全国代表大会提出了投资者系统和深化现代企业制度建设，东北这一系统代表国企改革的职责，东北地区国有企业管理职责明确，在权利统一的基础上，管资产与人相结合，是东北地区国有资产管理体制改革的方向。

2003 年 10 月，中国共产党第十一届中央委员会采纳了中国共产党中央委员会关于社会主义市场经济体制的改革的决定，提出要在东北地区提高国有资本的合理流动机制，提高国有经济在中国东北的控制力，大力发展混合所有制经济，以股份制为主要公有制的表现形式。截至 2004 年 6 月，全国 31 个省、自治区、直辖市和新疆生产建设兵团相继成立了"国资委"，东北地区地方国有资产监督管理机构也相继成立。东北国有资产"三层"政府监管机构在东北国有资产保值增值、促进大型国有企业发展、促进东北地区大中型国有企业现代企业制度建设等方面发挥了重要作用。2005 年，国有企业改革引入了"半睡眠"委员会制度，2006 年，国务院转发了国资委起草的《关于促进东北地区国有资本调整和国有企业重组的指导意见》。

企业是市场经济的产物，无论市场经济的发展和细分的性质如何，企业都是市场的主体。我国提出的建立现代企业制度是与市场经济发展水平相适应的。本文从微观角度阐述了现代企业制度在企业产业中的权益与现代企业制度在市场中的权益之间的关系。明晰产权是构建现代企业制度的核心。产权问题一直是大型国有企业（尤其是中央垄断企业）的敏感话题。因此，在此期间，中央政府提出了"抓大放小"政策。这意味着支持大型企业和企业集团的发展，并进一步放开市场振兴中小企业，促进东北地区国有中小企业的调整和重组。在此过程中，笔者认为产权改革在"扩张型"改革中还不够深入，而"扩张型"中小企业试点改革客观上推动了东北地区国有企业产权改革。因此，"大"的重点是促进东北地区国有资产重组，"小"的重点是促进东北地区国有企业产权改革，优化东北地区国有资产的质量。

我国的非流通股持股情况的公告显示，自 2005 年以来，上市公司股东大会非流通股改革后，控股股东在公开招股公告中可以在二级市场上市，而不在东北地区上市。上市公司股权结构是一个传统的行业。东北地区国有股的非流通股（包括东北地区的国有法人，其股份主要集中在东北地区）不上市，只上市国家和社会的公共产品，即流通股。本质上，这些股票在两个市场上交易，股票市场在原有股份制的基础上，降低一级市场和二级市场、一级价格和二级价格，形成比较完善的市场体系和价格体系。上市后，公司全面流通实现了相同的股票、相同的价格和相同的交易。

除制度和供求原因外，影响股市波动的因素还有国内外环境因素、经济政治因素、自然社会因素、历史现实因素、文化心理因素等。因此，如果不是金融危机、战争，或者股市涨跌等特殊原因造成的，则应认为国企改革现阶段的股市波动是正常的，其是企业盈利状况的重要表现之一。

经过多年努力，东北地区国有企业股份制改革取得了重大进展。从 1998—2006 年，东北地区国有企业数量减少了近一半，从 23.8 万家减少到 11.9 万家。截至 2005 年底，国家统计局公布的 2524 家东北地区国有及国有控股企业中，重组多股东股份制企业有 1331 家，占 52.7%。东北地区中小国有企业改革已达 80% 以上，其中县域企业改革力度最大，有的达到90%以上。中央企业及其分支机构持股比例由2002年底的30%提高到2006年的64%。

国家和地方政府都加强了治理。截至2006年底，东北地区国有企业控股的801家上市公司中，有785家完成或启动了股权分置改革，占总数的98%。在改革过程中，部分企业进行了资产重组，部分企业进行了破产。截至2006年底，东北地区国有工商企业共实施政策性关闭破产4251起。下岗职工分流，企业的社会功能剥离。截至2007年，东北地区国有企业利润达到1.62万亿元，增长了近20倍。其中，中央企业利润9968.5亿元，完税8303.2亿元。同年，中央财政收入超过1000亿元的企业有26家，利润超过100亿元的企业有19家。《财富》世界500强企业中，东北地区国有企业有30家，其中大型企业有22家（比2006年多3家）。

东北地区国有企业经过多年的改革和制度创新，不仅走出了困境，而且成为劳动生产率高、盈利能力强、竞争力强的市场主体。东北地区的国有经济也日益集中在能够充分发挥其优势的重要产业和重点领域，以及大型企业。东北地区国有企业已站稳脚跟，成为社会主义市场经济的支柱，引领国民经济的快速发展。这说明党中央国务院在东北地区推进国有企业改革的政策是完全正确的。

东北地区国有企业的效益和竞争力有了明显提高。2005年，东北地区的国有和国有控股工业企业只占全部工业企业的11%，但却占销售收入的35%，利润的45%，税收的57%。2007年11月，全国规模以上工业企业中东北地区国有及国有控股企业的利润是9662亿元，比2006年同期增加了6%，同一时期集体企业利润增长2%，股票系统企业利润增长1%。2006年，东北国有及国有控股企业财政收入14.9万亿元，占全国500强企业的85.2%。2006年，全国制造业企业500强中，东北地区国有及国有控股企业249家，占比49.8%，营业收入5.09万亿元，占比66.7%。2006年，全国服务业企业500强中，东北地区国有及国有控股企业 307 家,占 61.4%,营业收入 659 万亿元,占 87.4%。同时,我们也必须清醒地认识到,东北地区国有企业改革还面临一些艰巨的任务,需要在今后的时间里完成。

(二)国际金融危机持续影响阶段(2008—2012 年)

2008 年美国次贷危机的爆发引发了国际金融危机,也对中国经济产生了直接影响。中央政府出台了一系列刺激国内经济的措施,包括 4 万亿元的经济刺激计划和 10 项产业振兴计划。东北地区的国有企业也在危机时刻挺身而出,他们在发挥稳定经济作用的同时,也调整了自身的发展方式,在一定程度上导致了"国进民退"的现象。这一时期东北地区国有及国有控股企业在重点行业和一般竞争性行业中的占比和垄断资本的程度大大增加,东北国有资产在实施占略并购和重组中易受行政指令和权力干预。

2009 年《财富》全球 500 强榜单显示,中国拥有 43 家公司,打破了 2008 年 35 家的纪录。2010 年,《财富》杂志报道称,中国在《财富》全球 500 强中拥有 46 家公司,其中 40 家是国有企业。其中,国资委管理的中央企业有 29 家,比 2008 年增加 10 家。

2005 年,中央政府颁布了《关于鼓励、支持和引导民营经济发展的若干意见》(即关于非公有制经济的 36 条),充分肯定了民营经济的地位和作用。然而,在这一轮的整合过程中,大多数民营企业扮演了"被整合者"的角色。"国进民退"是中国应对国际金融危机的一个暂时现象,这不会改变中国改革开放的总趋势。但"国进民退"绝非促进经济增长的良策,垄断国有企业也不是中国改革开放的根本目标。在后危机时代,中国要改变经济增长方式,实现内外经济的平衡,必须充分发挥东北地区国有经济和民营经济各自的优势。鉴于东北地区国有企业在国民经济中的主导地位,经济增长方式的转变必须从国有企业的进一步改革入手。

四　全面深化国有企业改革阶段（2013年至今）

经过以上三个阶段多年的改革，东北地区国有企业的改革和发展取得了巨大的成就。一是优化经济分布。东北地区的国有资本逐渐退出一般性竞争领域，更加集中于关系国民经济命脉的产业领域。二是优化政企关系。东北地区国有资产管理相对有效的剩余制度的建立，改变了过去"五龙控水"和"内部人控制"的现象，使东北地区国有资产管理相对规范了许多。预算不再用于补充东北地区国有资本支出和经营的亏损。三是优化运行机制。从数量上看，东北地区逐步规范了公司治理结构。四是业务性能优化。东北地区国有企业发展质量不断提高，经营效率和竞争力显著提升。东北地区国有经济逐步走出困境，为经济社会发展做出了更大的贡献。

2013年，随着经济发展进入新常态，经过几十年的改革，到2015年已有47家央企跻身世界500强。然而，国有企业改革仍然存在一系列问题。国内外的环境正在发生巨大的变化。从国际环境看，在经济全球化的大趋势下，我国对外开放水平进一步提高，东北地区国有经济面临完成国家使命和应对国际环境的双重压力。从国内经济环境看，"十三五"后我国已进入工业化后期，经济发展方式亟待转变。东北地区国有经济所熟悉的产业导向发展环境正在发生变化。如果经济战略调整失败，东北地区的国有经济将失去应有的地位和布局。东北地区国有经济公共政策不区分利润功能和市场功能，许多公司也面临一个"公共任务"之间的冲突管理和非营利组织的使命，陷入没有钱的尴尬状态，没有办法完成东北国有资产的增值，完成东北国有企业改革目标；另外盈利被指责破坏了市场的公平和效率。东北地区国有垄断行业企业改革仍然不到位，缺乏清晰、可信、可行的改革路径。东北地区国有企业追求行政垄断，影响了公平有效市场经济的建设。

一是东北地区国有企业公司制和股份制改革得还不到位，使得地区东北国有经济产权实现形式不合理。东北地区一大批大型国有企业、母公司股权多元化改革的进程大多处于停滞状态。二是东北地区国有资产管理体制改革不到位，不能适应新形势的需要。一方面，东北地区国有资本流动性仍然较差，不能满足东北地区国有资本进退、合理流动和动态优化配置的需要。另一方面，东北地区的国有企业往往受到政府有关部门的不当干预。三是现代企业制度建设不到位，东北地区国有企业微观治理机制不适应成熟市场经济的要求。东北地区国有企业管理结构不规范，企业具有行政属性，从市场选择和招聘管理人员。四是东北地区国有企业监督约束机制改革还有待形成和完善。东北地区国有企业管理中还存在着"党政干部"与"企业家"双重角色的冲突，这不仅使企业的市场管理权得不到充分保障，而且影响了市场的公平。

经过长时间的酝酿，各界在东北地区深化国有企业改革的指导意见（以下简称"意见"）终于来了，这是引导和促进新时期国有企业改革的纲领性文件。一是企业并购重组的必然直接结果是促进相关产业的转型升级。一些研究机构已经大致梳理出四种可能的国有企业并购重组模式，即出口导向型企业，包括"一带一路走出去"和"高端装备走出去"两种战略下的中央企业并购，国内企业包括"降低产能"和"提高产业集中度"两种重组模式。二是直接解决政企分开带来的盈利能力较弱的问题。"意见"提出了"科学界定资本所有权和经营权的边界"，未来投资者是独立于国有资产监督管理的，要对东北国有资本经营公司、企业、国家出资指定三权分立的监督模式，并减少对国有资产监督管理的直接干预，企业经营管理向专业管理公司转变。此外，这一变化在主体上也在招聘和薪酬上有所突破，不容忽视。根据指导意见要求，要切实落实和保障董事会依法行使重大决策、人员选拔、工资分配等权利。董事会应履行大部分外部责任，实行一人一票的制度，加强董事会内部的制衡。政府将加强管理人员的自主权，确保他们不受任何政府或机构的干预。三是东北地区国有资产证券化和市场化进程进一步深化。据不完全统计，目前东北地区已有 20 个地市提出了未来国有资产证券化的目标比例，一般在 50% 以上。目前，东北地区国有资产证券化率还不到目标水平的一半，这意味着至少还有两倍的改进空间。国有资产监督管理委员会的一位官员预测，未来五年东北地区将有 13 万亿元的地方资产上市。

随着国企改革"意见"的发布，这些问题有望在新一轮国企改革中有所突破。在实际运行之后，这个版本的意见在实践中得到了很好的执行，有一些亮点。例如，国有企业分为商业企业和公益企业。国有企业监管由"以国有企业为主"向"以资本为主"转变。同时，提出混合所有制和职工持股试点措施，促进股权多元化，为集团公司整体上市创造条件。

回顾东北地区国有企业改革的历程，从一开始的所有制改革到促进管理改革，东北地区国有企业改革的一个基本问题是解决如何调动利益相关者的积极性方面的问题。事实上，东北地区国有企业经过 30 多年的努力，国有资产投资者制度已基本形成，现有的企业制度已基本建立。而国有企业管理是一个新的问题。东北地区国有企业改革还存在许多需要改进的地方。同时，随着实践的深入，也暴露出一些问题，如何避免东北地区国有资产在改革过程中流失，需要继续进行分析和研究。

第二章　东北地区国有企业改革的现状

东北地区制造业有着良好的基础优势和巨大潜力，加上振兴东北老工业基地相关政策的出台，为东北地区国有企业发展带来了新机遇。

一　东北地区国有企业发展的潜在优势

（一）具有较强的积极响应国家政策的行动力

东北地区国有企业管理体制不同于其他地区国企管理体制。具有独特优势的东北地区国有企业能够做到积极响应中央政策，主动完成各项经济任务，并把重点放在发展有特色的主要任务上，满足国家建设的需要。比如，在东南沿海地区建设初期，东北地区的国有企业为其输送了大量的资源，包括煤炭、石油和木材等。正是因为国家宏观调控，东北地区的国有企业的这些资源不存在垄断价格问题，这就为当时的国民经济建设提供了取之不尽用之不竭的原动力。

（二）基于有益国库充盈的前提下，在有效控制成本和利润方面更加具有弹性

由于国家宏观调控的影响，东北地区国有企业更加能够做到有

效控制成本与利润。比如，30多年来铁路票价没有上浮，粮食仓储企业合理控制，确定粮食收购价格不低于市场价格，以确保农民的利益。再以辽宁省为例，从1953—1994年，近1亿吨的钢材、5608万吨生铁和8410万吨水泥都被定为平价，3234亿元的利润转移到国库，铁路占同期财政收入的71.5%。而且，随着其他类型国有企业股利政策的不断放开，东北地国有企业为经济建设支付股利，促进了国家经济和其他各项事业的顺利发展。

（三）拥有较多事关国家军事安全和经济命脉的支撑企业

东北地区很多的国有企业涉及国家军事和经济安全方面。如航天科技工业、粮食企业、石油、煤炭、电力等相关行业。这些涉及与国家安全相关的企业行业，必须完全属于国有。我们必须坚定不移地坚持以社会主义公有制为主体，必须把国有经济的积极作用坚定不移地保持下去，不能损害和削弱，才会有利于国家经济发展战略的实施。这是我国社会主义市场经济发展的需要，也是我国根本政治制度的要求。

总之，正是由于以上这些作用和优势，东北地区国有企业在保障国家经济安全和军事安全中有着举足轻重的作用和地位。只要国有企业能够有效控制成本，确保国有资产不存在恶意交易损失，不断提高自身适应经济发展要求的能力，就一定会继续取得较大发展，更加有利于我国经济社会发展的需要。

二 东北地区国有企业改革面临的问题

面对东北老工业基地国有企业的经营状况，国务院为了发展东北经济，于2003年提出"振兴东北老工业基地战略"。随着国家政策的调整和战略规划，中央政府加大了对该地区的投资力度，也逐步深化了区域内国有企业的市场化改革，使得东北经济在短期内迅速增长。但是，我们需要清醒地认识到，东北经济的增长过度依赖投资和企业缺乏创新能力的问题依然存在，更深层次的体制、机制弊端亟待解决。这些集中体现在以下四个方面。

（一）交易问题方面

1. 内幕交易。这里的内幕交易主要体现在国有企业内部成本的不必要增加上。有很多表现，如工资高，有的电网企业抄表员月薪8000元，这显然不符合市场价格。此外，豪华设施建设、人才需求过剩等问题也属于内部交易。

2. 对外交易。这里主要表现为对外交易过程中对国有资产造成损害的现象，如故意压低国有资产的售价、不公平处置国有股等，造成国家利益的损害。

（二）交易动机方面

1. 活跃的交易问题。积极交易反映了国有资产管理者在积极制定国有企业发展战略、积极兼并或剥离国有资产、积极制定薪酬标准的过程中存在的内外部交易问题。活跃的外部交易风险最大。近年来，国有资产流失一直是国有企业改革中的一个突出问题。

2. 被动交易的问题。一是在市场经济条件下，由于社会需求不足或竞争问题造成经营损失，企业不得不缩减企业规模、处置资产、裁员降薪。二是国有企业在进行经济活动时受到政策的影响，如大规模固定资产投资和吸收社会劳动力。这一过程中的内外部交易问题称为被动交易问题。被动内幕交易的风险最小。例如，一些国有企业只提高其管理者的工资，而不调整基本工资，或者工资已经很高了，却还在上涨。

（三）自身活力不足

1. 国有企业内部运行效率低下。市场化程度不高，整体缺乏适应市场需求和社会发展的主动性和积极性，依赖现象严重，比如产品升级不活跃，不能满足客户多样的变化与要求。

2. 国有企业缺乏自主创新能力。企业要发展，必须要有生长活力，创新因素是核心。只是重复生产低端产品，被动迎合政策刺激，是没有发展出路的，通常表现为前期交易不活跃和后期交易被动。尽管民营经济也可能存在上述问题，但民营企业的所有者可以承担自己的经营风险。国有企业有它自己的社会责任，不能随意解散和破产。所以，很多学者提出，为了保持国有经济的主导地位，当国有企业遭受损失时，需要通过政策救济来保证国有企业的运营。

（四）缺少相应政策支持

自中华人民共和国成立以来，东北地区国有企业持续不断地为国民经济发展提供坚实的物质资源，为国民经济建设做出了不可磨灭的贡献。但是，由于长期实行价格管制，这些国有企业没有足够的资金进行科技创新，一直在向社会提供低附加值的产品。在这种情况下，一旦社会需求结构发生变化，就会出现许多问题。比如，近年来的热点话题"钢比白菜便宜"，就是一个典型的供过于求的问题。一些产品不能满足日益增长的社会需求。比如，许多汽车制造商仍然需要进口发动机，而国内发动机仍然处于市场的边缘。造成这些问题的原因之一就是企业自身经营效率低下，在长期履行社会责任中缺乏相应政策的支持。

三 新常态下东北老工业基地国有企业改革面临的困境

中国经济步入新常态后，以往依靠要素驱动和投资驱动的增长模式难以为继，经济走上增速放缓、结构优化、依靠创新驱动的道路。时代背景发生了很大变化：一是人口红利时代已经结束；二是人民币走强给出口带来了压力；三是低碳经济政策取向给许多资源型国有企业带来了发展压力；四是国内生产总值进入低速增长时期，国有企业外部经济环境低迷。在这种时代背景下，东北老工业基地国有企业发展面临的困境主要表现在五方面。

（一）能源资源枯竭

东北地区曾经丰富的煤、铁、石油、森林等自然资源经过多年高强度的开采开发，20世纪90年代以来几乎已告枯竭。随着资源、能源、环境的制约，东北老工业基地的国有企业发展面临的瓶颈更难突破。

（二）创新能力不强

自20世纪90年代以来，东北老工业基地国有企业体制性和结构性矛盾日趋凸显，企业设备和技术老化，竞争力下降，经济发展步伐相对较缓慢，与沿海发达地区相比，差距逐渐扩大。自"战略"实行以来，许多东北地区国有企业借政策东风获得大量政府扶持资金，纷纷引进国外先进设备与技术。但同时企业自身创新能力却未能快速提高，对新技术的消化和再创新能力不强，经营能力每况愈下。

（三）体制机制改革不到位

长期以来东北地区未能彻底摆脱计划经济思想的桎梏，"等、靠、要"等经济思想仍根深蒂固，历史包袱很重。国有企业产权结构单一，缺乏竞争活力，适应市场经济发展要求的机制不完善，制度创新、技术创新、管理创新观念薄弱。政府对经济过度干预的现象依然存在，因此，东北地区国有企业的改革发展离不开政府职能的转变。改革创新东北地区国有企业，必须加快建设服务型政府，提高社会化服务水平。

（四）对内对外开放水平偏低

对内对外开放水平偏低问题依然突出，比如东北地区外贸进出口总额在全国占比只有其经济总量占比的一半左右；出口商品主要是附加值相对偏低的粮食、纺织品、钢材、成品油等；沿边口岸对外贸易很多仍是过货贸易；区域内部以及与国内其他区域的合作尚处在较低水平。另外，在发展过程中，许多国有企业都在追求更大的发展和完善，这导致了更大的资本压力，企业投资回报率不高，杠杆风险大。

（五）企业组织结构不合理

由于国有企业实施股份制改革后，现代企业制度尚未建立。传统的管理理念，使得大多数国有企业机构臃肿。主要表现为：一是企业经营成本过高；二是组织间合作水平过低；三是组织运行效率低下；四是组织创新活力缺乏。

第二部分
东北地区国有企业改革历史问题分析

第一章　东北地区国有企业存在的问题

中华人民共和国成立以来，东北地区国有企业在维护国家安全、保障国民经济健康稳定运行等方面做出了重要贡献。但是，仍然存在一些亟待解决的深层矛盾与突出问题，主要体现在五个方面：一是现代企业制度不完善，国有企业治理结构不合理；二是国有经济战略调整不到位，国有经济的功能定位和布局不合理；三是国有资产监管体制不完善，难以实现东北地区国有资本配置的动态优化；四是国有企业内部控制突出。具体由权利、责任、利益行业分布广泛，资金过于分散，导致结构趋同、重复投资和企业间恶性竞争；五是政府对国有企业管理的行政干预依然存在，政策负担较重。总的来说，东北地区国有企业的核心问题在于政府与企业不分离，不能独立经营，做不到自负盈亏。

一　现代企业制度不健全

在我国，最早是针对国有企业效率低下、政企不分的问题，提出在国企中建立"产权清晰、权责明确、政企分开、管理科学"的现代企业制度。建立健全现代企业制度是适应现代市场经济发展的需要，是以规范和完善的法人制度为主体，实行法人治理结构，以提高企业价值为目的的战略架构，是提升企业核心竞争力，提高企业价值的重要途径。

随着全球经济一体化的发展，市场竞争日益激烈，尤其是国际金融危机之后，全球经济低迷，企业生存环境恶化，多数企业都面临资金不足、自我革新、人力缺乏等难题，也给建立健全现代企业制度带来了巨大压力。面对当前的严峻挑战，国有企业显现出制度的不完善，比如资本结构不够清晰明确，治理结构、生产结构和创新机制不够科学合理等，都会极大地限制国有企业的长远发展。因此，在中国经济步入转变经济发展方式、实现可持续健康发展的新阶段之后，国有企业只有积极调整，适时更新，才能融入市场体系，才能生存发展。

二 企业布局结构不合理

东北地区国有企业覆盖面广，在各产业中都占有一定份额，整体规模在我国市场经济中处于重要地位，但仍存在一些不容忽视的问题，比如缺乏具有国际竞争力的大型企业、不能规模经济化、技术老化、产能过剩、经济效益低等。

显而易见，东北地区国有企业必须进行改革，使经济结构更加科学合理，在国民经济中持续发挥主导作用。东北地区国有经济战略性调整的基本任务虽取得重大进展，但改革事业尚未完成。一方面，资本结构不清晰。自提出建立政企分开的现代企业制度以来，东北地区国有企业改革虽然一直强调自筹资金，明确权利和责任，但并没有真正有效地解决政企不分的问题，从而实现改革目标。市场经济离不开产权制度。东北地区很多国有企业为政府控制，从根本上附属于资产监督管理委员会，政府的优势并没有完全发挥，政府行政权力的干预管理，使得国有企业在东北地区很难成为一个独立的法律实体。另一方面，法人治理结构不科学。改革开放以来，东北地区国有企业的人事管理一直具有很强的行政色彩。无论从投资者的功能、管理者的角度或扩展的实体权利，都不可回避地造成控制资源的后果，比如，从计划经济时代起，中国企业的财政补贴是独特的，一旦被纳入人力资源评估，往往金融领域采取"补贴换成奖金"的形式。

三 国有企业体制机制不完善

国有企业是国民经济的重要支柱，是国家财政收入的重要来源，是一个国家综合经济实力的重要体现。因此，东北国有企业对于国家具有举足轻重的作用。但是，东北地区国有企业的整体效益并不令人满意。在我国社会主义经济体制建设和完善的过程中，东北地区国有企业改革还存在许多困难，没有取得实质性突破，主要体现在两方面。

一是东北地区国有企业不能充分利用社会经济资源，存在经营亏损和资产亏损。1996年，东北地区国有企业亏损7260亿元，比1992年、1993年、1994年、1995年分别增长96%、8%、61.4%和55%，亏损37%、7%、43%和87%。东北地区国有企业在亏损，导致流向非公有制经济，为使员工摆脱贫困，为避免企业的损失创造条件，使国家财政收入增加，成为在东北地区国有企业改革这一时期必须解决的主要问题。1998—2014年，中国国有企业和东北地区国有控股工业企业的总资产分别为37万亿元、13万亿元和13项流动资产。2000—2012年，东北地区国有及国有控股工业企业由53489家减少到17851家，下降66%—63%。东北地区实现利润1.67万亿元，占东北地区国有企业利润总额的近70%。中部和东北地区国有企业的利润分配也不均衡。东北地区国有企业数量减少，资源集中在东北地区大型国有企业。2013年，中石化、中石油和国家电网占中央企业利润的60%以上。由此可见，东北地区国有企业经营绩效的提高可能不是由于自身效率的提高。在中国制造业500强企业中，东北地区国有企业216家，平均利润率为65%；民营企业284家，平均利润率为3.43%。

二是国有垄断企业在国有企业中处于领先地位，改革还需要通过内部激励来完善。东北地区国有企业改革初期，国有企业是政府的"附属品"。三十多年来，国有企业改革在中国东北采取了渐进的方式，企业已经逐渐改变对于政府的"附属"局面，成为市场参与者和法律实体，资本结构被进一步明确。一方面，由于东北地区国有企业在我国国民经济发展中有着重要地位。或者说是，在市场资源配置上和在政治社会影响力上都具有巨大的优势，形成东北地区国有企业既得利益格局的固有模式。通过对国有企业改革，如建立职业经理人制度、扩大市场规模、严格规范东北地区国有企业管理人员的招聘薪酬，让市场在资源配置中的作用充分发挥出来。另一方面，从东北地区国有企业拥有的权利来看东北国有企业改革有一个巨大的内生动力在于，企业内部的权利主要用于国家的利益。为提高企业的利润，改善公司治理机制，管理与独立企业法人的财产和法人实体，进行自我约束和自我发展，实现经营者和员工的个人价值最大化。通过企业产权制度改革，我们发现东北地区国有企业更愿意享受改革成果，导致国有企业改革在东北地区缺乏进一步的内在动机，甚至是为了避免既得利益的丧失而阻碍深层次的改革。以中石油和中石化为例，2005年该公司获得了来自国家的巨额补贴，理由是战略储备和炼油亏损。这一外部战略发生变化，也会降低东北地区国有企业进一步改革的内在动力。

四 国有资产监管体制不完善

国有资产监管以产权管理为基础，国有企业改革以产权改革为核心。二者相互依存、相互渗透、相互促进。近十年来，国有企业的改革之所以取得长足的发展，主要归功于新的国有资产监管体制的基本建立。

但是，国有资产监管体制在具体实践中还存在一些问题，集中表现在四个方面：一是国有资产监管的机构建设不达标。全国还有少数市地没有独立设置国资监管机构，即使设立国资监管机构的，其性质也多是政府工作部门，而非政府直属特设机构。另外，部分县（市、区）尚未建立国资监管机构，国资监管的责任主体并不明确。二是国有资产监管机构的监管范围辐射不广。部分市地经营性国有资产没有全部纳入国资委监管范围；部分县（市、区）国资监管权仅限于行政事业单位资产的基础管理，经营性资产还没有纳入。三是国有资产监管机构的出资企业缺位。部分市缺少甚至没有出资企业，有的国资委的工作职责不够完整，仅限于传统的基础管理，出资人最关键的"依法享有资产收益、参与重大决策和选择管理者"三项权利没有落实到位。四是市级国资委对县（市、区）的指导监督工作效果有待提高。很多流于形式，做表面功夫。

东北地区国有资产监管体系的基本框架是指国有资产监管体系的主要组成部分及其相互关系，包括国有资产所有权的代理模式和国有资本经营主体（特定股东）。东北地区国有经济效率得到了提高，但现有的国有资产管理模式并不能解决所有问题。比如2013年公布的数据显示，国有资产监督管理企业总资产69万亿元。政府和企业资本管理不是孤立的，作为东北地区国有企业的大股东，自然资源部对东北地区国有资产体系应依法下达政府的稳定生产、安全生产等任务。两者之间的冲突是不可避免的，政府与企业不分离，政府与资本不分离。因此，必须改革国有资本在东北地区的授权操作系统，提高国有资产管理系统，加强东北地区国有资产的监督，主要是资本监督，建立国有资本运营公司。

五　国有资产管理模式不合理

随着我国社会主义市场经济的发展和东北地区国有资产规模的不断扩大，现有的东北地区国有资产管理模式已不能满足经济发展的需要。

（一）广泛的行业分布

目前，国有企业在东北地区的分布过于广泛，几乎涉及国民经济的所有部门。2015年底，在国有资产监督管理委员会的监督下，国有企业数量已经达到106个，包括13个涉及电力领域、两个网格、五大电力集团、四个小巨人和电能领域的优势。无论是发电、供电，还是电力建设以外的主要行业，产业门类严重重叠、盲目扩张，加剧产能过剩和相互竞争，不利于东北地区国有企业的国际化进程。特别是中国南车与中国北车的竞争，使中国在高速铁路技术和设备出口方面遭受巨大损失，这也是后来合并的目标。组织结构扁平化程度不高，人员严重过剩，缺乏现代公司治理结构，使其"大而不好，大而不强"。

东北地区许多国有企业没有按照法律法规进行改革，企业改革是随机的，企业改制不规范。因此，这将导致在国有企业的改革进程中产生一些问题，主要表现在：资产评估不真实、金融监管不严格、部分企业改革过程透明度不高、国有资产以低价出售，造成东北地区国有资产的流失，这些将严重损害国家、企业和职工的利益，影响改革的效果，增加改革的风险。

与此同时，东北地区国有企业也面临任务繁重的问题。一方面，信贷危机和企业资金短缺。银行被迫继续投资，导致资金短缺，增加了银行经营的风险。另一方面，国有企业内部控制问题突出。东北地区国有企业漫长的委托代理链条、所有者的缺位、经营者的剩余控制权和剩余收益权、不完善的监督和不合理的约束机制，构成了东北国有企业内部控制的必要条件。

（二）"内部人控制"分析

"内部人控制"概念是学者穆长彦在研究中俄转型经济时提出的。基于对东北地区国有企业现状的分析，我们可以看到，"内部人控制"是东北地区国有企业在经济结构转型调整中存在的一个非常普遍和严重的问题。"转型经济管理主义"有其自身的特点，就产权而言，这种产权结构容易导致侵犯个人行为，即在这种产权结构中，个人行为的外部性难以内部化。

国有企业内部控制绩效：东北地区国有企业管理者控制着企业的行为，在政府推动企业转型过程中，企业有轻型的外在压力，但并不具备完善的现代企业制度。这是因为企业可以利用上市公司改革筹集大量资金，经营者和企业员工可以利用购买内部股票或认股权证的机会寻求潜在的利润，而且会采取转移收入或偷税漏税的做法。因此，"内部人控制"会导致企业内部权力结构失衡，损害投资者利益，扭曲资源发展，造成社会负担，东北地区国有企业也因此失去自身发展活力。

（三）存在短期行为

东北地区一些国有企业经营者不考虑企业的长远利益和发展，只考虑眼前效益和利益，过度投资和消费，国有资产使用效率低下。比如，许多国有企业的领导为了展示自己的"成就"，忙着摆摊、搞项目，而不顾项目的经济效益和技术可行性，结果往往是"无利可图"，造成资源的更大浪费，损害企业的长远利益与发展。

六　国有企业并购不合理

（一）供给过剩

管理者通过控制公司的市场价格，对公司资产收购价高于对公司整体的收购价，由于对于收购公司的投资人我国采取高退税政府，导致管理者和公司内部人有获取利益的机会。因而交易对方都愿意采取以公司整体进行交易，寻求高额收益。然而，公司和外部会以"创造"公司的并购机会，寻找剩余收益。负责生产和销售的两个国有企业可以控制经理和主管部门的负责人，通过

"人为错误",直接默认购买单位和合同。这使得管理者能够在信息不足、搜索成本高的情况下迫使制造商减少销售。

(二) 在职消费过度

主要是指内部人控制与建立在市场垄断基础上的实际效益最大化。内部人控制与基于市场垄断的内部人控制是一回事,是效用最大化的根源,一般表现为:装修豪华的办公室、购买豪华轿车、公款吃喝、住房优惠和极其昂贵的接待费用,并以出国方式进行有限干预,内部人控制实际上自己想做什么就做什么。然而,在所有者缺席的过渡时期,由于经营者实际上既是所有者又是经营者,内部人控制的实际效用和效果往往达到最大。一些效率更高、管理更好的企业也存在类似问题,即使是在企业经营困难的情况下,也要尽力满足领导决策,以购买设备、行业公费旅游等形式来实现各项杂项消费。

(三) 不合理加薪

主要是指在工资范围内侵害全体员工的合法权益,实现个人利益最大化。具体表现在:上市公司一般根据年度工资制度确定,而事实上,东北地区国有企业经营者通过对内部发展的管理,很容易达到工作标准。在内部控制的情况下,通过不同部门、下属之间的讨论,以及上下级之间的相互勾结,可以为经营者设定一个非常简单的有利于内部人控制的薪酬模式,从而提高经营者的收入和利益。

(四) 国有资产的转移和流失

国有资产流失指的是由于各种不正当行为导致国有资产在企业中的减少,这里主要包括国有资产私有化、偷税漏税等。国有资产的流失主要体现在两个环节:一是直接流失。通常是对资产评估不合实际、低价转让国有产权或其他将国有资产私有化的诸多不合理方式，比如在国企改革过程中，违规人员和相关的资产评估机构"合作"，人为拉低国有资产评估价值，从而造成国有资产的流失；或者在企业产权重组的过程中，由于利益驱动，根据效益好坏来划分一些间、厂房等经营单元归属国有资产还是私有，从而为自己赢得可观的违规利益。二是间接流失。通常是说在送配股时只对职工、企业等进行配股，却不对国家股进行送配股。这一点也体现在分红上，很多的企业对企业股和职工股优先分红，甚至在不盈利或者盈利低的时候也进行分红，但是并不给国家股进行分红，这就导致了国有股所占比例下降，无法保证国有股应有的权利，损害了国家的利益。

改革开放后，我国国民经济快速发展，国有资产数量不断增加，但同时国有资产的流失数量也呈现了递增趋势，且表现出多样化、智能化、国际化的特点。国有企业管理者控制公司内部运营，可以找很多的借口利用公司资产获取最大的个人利益。国有企业管理人员以疏通为借口，报销了大量的差旅、招聘、用车和订购修理等方面的费用。以捐赠为借口，向特定的目标捐赠大笔金钱。以雇用技术顾问、经济顾问为借口，划拨了大量的活动经费。为了避免审计和逃税，许多公司伪造财务会计报表，存在虚假成本账户和少报利润的现象。

国有资产流失的主要原因就是国有企业经营者不能担任治理和监督的主体地位。东北地区国有资产的管理制度本身存在很多的缺陷，很多政府部门和机构都是国有资产的所有者和管理者，有权力对国有资产进行干预和管理，这就为国有资产的流失埋下了伏笔。总之，政企不分是东北地区国有企业改革面临的最大问题，再加上企业监管不到位，都成为导致东北地区国有资产流失的主要原因。虽然新的时代背景下，国有企业加快了改革的步伐，但是并没有取得预期的结果。

七 东北地区国有企业党建现状

走进新时代，党建工作依然是国有企业改革发展的重中之重，不可忽视。但是，随着国有企业深化改革和现代企业制度的建立，国有企业党建工作遇到了一些新情况、新问题，集中体现在两个方面：一是企业党组织参与企业重大问题决策缺位。由于一些国有企业并没有对重大问题的内容、范围、参与的程度等做出明确规定，使企业党组织无所适从，找不到参与重大问题决策的具体操作办法。通常来说，企业行政组织负责人由于拥有最后决定权，在生产经营和行政管理方面决策时会发生不征求党组织的意见直接做出决定的现象。二是企业党组织参与重大问题决策水平不高。一方面有些企业党组织主要成员本身政治业务素质差、年龄偏大、文化素养较低、不懂经营管理，因而导致决策水平的技术含量不高。长此以往，将会导致企业党组织参与重大决策只是流于形式。另一方面国有企业党组织的监督作用发挥不充分。

（一）东北地区国有企业党组织作用尚未得到充分发挥

东北地区国有企业党建模式总体上是相对的，党建模式已推广到各类企业。但是东北地区的一些企业制定规章制度，并没有开展党建工作，党组织作用并没有得到充分发挥。

（二）党建工作与企业工作相互交叠、交织

企业管理的体制在工作职能、制度设置、思想观念等方面存在较大差异。此外，党务工作：党的建设离不开"行政"，而权力又离不开"行政"。"行政性"主要是指企业党建发展过程中权力的依附性。由于行政权力特别是自上而下权力的提升，在内部建立各种监督指导小组、检查指导小组，依靠各种会议来营造舆论氛围。造成民主领导是不够的，推进党建工作是必然的的结果。由

此可见,"管"的趋势实际上是"养"。从长远看,必然会出现"与上级搞好关系"的心态,党支部的发展将失去其根本意义。

(三)党建活动缺乏系统性和有效性

东北地区国有企业党建活动缺乏系统性和有效性,是"随机的",不按规章制度进行,而是以何时需要的形式进行。在一些国有企业中,党建工作"不按总则办事",甚至不符合规章制度的要求,表现出难以执行规章制度,没有主动性,只做自己想做的工作的状态。这实际上是削弱了党组织的功能,也背离了国有企业党建工作科学化的基本要求。另外,东北地区国有企业党建工作还存在着"表面化"问题。主要体现在党建工作看起来似乎很忙,但实际上并没有掌握精髓与规律,党组织没有开展深入的实质性工作,形式大于内容,做表面文章。

八 国有企业反腐斗争形式严峻复杂

随着全面从严治党的深入,中央对国有企业加大工作检查力度,对违反纪律和法律的腐败行为进行严厉打击。但是国有企业腐败现象依然存在,国有企业反腐斗争形式依然严峻复杂,不容乐观。一些东北地区企业领导人通过受贿和非法经营牟取私利,造成大量国有资产的流失,损害了国家利益。面对全面从严治党和党风廉政建设的艰巨任务,我们必须要清醒地认识到腐败现象依然存在,并分析其中的原因。

(一)公司治理结构不合理

按照有关要求,东北地区国有企业建立组织结构,治理结构由股东、董事会、监事会和经理发展构成。但很多国有企业还没有建立健全现代企业制度,不可避免地要面对有效改变管理模式、健全管理机制、科学建立公司治理结构、明确权利责任等问题。

同时还存在许多其他问题,如股东不能充分行使权力,总是难以代表投资者的利益;监事会不能充分行使权力,其职能变得空洞。面对权力或财产等各种诱惑,放松了思想防线与抵抗,直接陷入了权钱交易或权力私利的泥潭。党的十八大以来的腐败案件调查中,很多是涉及东北地区国有企业权钱交易行为的。从另一方面看,也说明监督检查力度要继续加大。所以,我们可以说国有企业治理结构不合理,某种程度上会造成腐败行为的发生。

(二) 监督机制不完善

国有企业普遍存在监督机制不健全、监管不到位等问题,导致国有资产流失、违纪违法事件频繁发生。因此,亟须通过完善国有企业决策机制、建立健全现代企业制度等举措,提高国有企业综合管理水平,确保监督机制的有效性。

东北地区国有企业的监督机制不完善,违纪违法行为查处力度不够,也就是说惩治和预防腐败措施薄弱。主要表现在两方面:一是仍存在多头管理、职责不清等问题。各级国资监管机构仍存在管得过多、过细的问题,出资人监管定位不准、审批备案事项多等现象也不同程度地存在。二是国有资产的出资人权利也未能落实到位。应该从两个方面发力,首先要进一步完善国有资产监管运营机制,强化国有资产的管理,从而有效地行使出资人的权利;其次要建立国有资产出资人权利清单和责任清单,完善各类国有资产的管理体制。

(三) 企业管理中存在诸多弊端

我国受计划经济影响,无论是股份制改造还是将企业推向市场,国有企业和政府之间一直存在千丝万缕的联系。但实际上,政府应是市场规则的制定者,企业应是市场的主体,政府和国企间存在连带关系,如果国企是政府出资,政府很可能要通过委派董事长、限制董事长经营行为等方式,进一步干涉企业的投资、经营、管理等，甚至某些决策也要由政府部门代理，这些都使得政府和企业的职能难以区分。事实上，从治理层面来讲还不能完全做到政企分开。所以，应该减少纯国企的比重，加快推进混合所有制改革。

国有企业改革涉及的领域广泛，政策动态和利益关系复杂。东北地区国有企业改革已经进行了30多年，党的十八届三中全会就全面深化改革的若干重大问题做出部署，进一步明确了国有企业改革的方向。但是，东北地区国有企业的职能定位、分类和管理体制并不一致，所以在推进国企改革的进程中存在一些问题。突出表现在三个方面：一是对国企改革仍然存在错误认识。有人认为，东北地区国有企业改革意味着东北地区国有资产私有化，东北地区国有企业完全退出市场经济。有人认为，东北地区国有企业发展困难，稳定是结构调整和转型升级的重中之重。这种错误认识会造成社会不良影响，延缓国企改革进程。二是行政干预过多。东北地区国有企业发展混合所有制经济过程中，集体资本、私人资本交叉持股、相互融合，存在产权保护制度不完善、相关法律法规制度不健全、职业经理人缺乏激励等问题，在这种情况下，政府应尽量减少对微观经济实体的行政干预，充分发挥市场在资源配置中的作用。三是国有企业与市场经济的兼容性问题。新一轮的东北地区国有企业改革的主要目标是建立激励机制，提高国有资产的价值，发展东北地区国有经济。改革已进入深水区，政府应该推进混合所有制改革，这是深化东北地区国有企业改革的突破口。从顶层设计开始，进行分类改革，探索多种形式和模式的混合所有制，有效解决东北地区国有企业与市场经济的兼容性问题，使国有企业真正成为完整的市场主体。

综上所述，东北地区国有企业改革中存在诸多问题与弊端，面对这些，我们应该按照分类改革和共存共赢原则进行顶层设计，引导社会效益的市场机制，打破垄断，提高效率，促进公平，最终实现国有企业改革的目标。

第二章　创新要素分析

一　国家创新发展战略

（一）国家科技创新体系

国家科技创新体系主要包括创新主体、基础设施、资源、环境和外界互动等要素，《国家中长期科学和技术发展规划纲要（2006—2020年）》中指出：国家科技创新体系是各类科技创新主体紧密联系并有效互动的社会系统，它以政府为主导、并使市场配置资源的作用充分发挥出来。

目前，我国现有的创新体系主要包括政府、企业、科研院所及高校、技术创新支撑服务体系四个方面。我国科技体系改革以加强科技创新、促进科技成果转化和产业化为目标，以调整结构、转换机制为重点，把科技与经济深深融合起来，这是一个重要突破和进展。国家创新体系的主要功能是知识创新、技术创新、知识传播和知识运用，对于培养造就高素质人才、实现人的全面发展有着无法估量的推动力，也为提升我国综合国力和竞争力起着不可替代的重大作用。总之，要想推动我国国民经济可持续发展必须不断丰富和完善国家创新体系。

目前，世界各国都把发展目光投放在提升综合国力上。实际上，综合国力竞争就是各国科技创新能力的竞争。因为科学技术在现代世界经济发展中有着无法估量的巨大作用,各国经济竞争的焦点已经从产品竞争和生产要素的竞争,转移到科学技术的竞争,特别是国家科技自主创新能力的竞争。

(二) 科技创新已成为国际竞争中成败的主导因素

从科技创新的角度看,综合国力竞争导致政府的职能发生了两方面的变化。一是竞争升级。由科研机构和企业一级上升到国家一级,是一种更为复杂宏观的竞争。在这种情况下,科技创新就变成政府和科研机构及企业共同的事业,而不仅仅是科研机构和企业自身的事情。所以,政府应当从宏观上对科学技术知识的生产、扩散及其应用等方面进行规划和引导,以保证对全局的把握,从而参与科技创新的全过程。二是在国际经济关系层面上,政府要把握好科学技术民族保护与全球共享的和谐关系,要在科学技术的合理输出与最大输入之间寻求一个平衡。

进入21世纪以来,要想在世界民族之林立于不败之地,必须可持续提升国家综合国力。而综合国力的提升又离不开科技创新,原本当代科学技术作为生产控制力体系中的直接因素,现在已经成为主导因素,而资源、生态环境同科技都存在一种制约和互动关系,科技既能够促进生态系统的有效管理,同时又能够有效改变资源的利用方式,从而提高资源利用率,促进我国国民经济健康可持续发展。显而易见,科技竞争力已经成为保证一个国家或地区立于未来世界竞争格局中不败之地的决定因素,是世界各国普遍关心的重要问题。因此,必须建设国家创新体系,促进科技创新,这是提高国家综合竞争力,维护国家安全,增进民族凝聚力的关键所在。

(三) 构建国家创新体系

一是要明确核心问题,就是要构建出的国家创新体系能够将科技与经济紧密结合起来,并促进科技创新能力的不断提高。我国加入 WTO 后，需要面对更加复杂激烈的科技创新国际竞争环境；既要在制度、体制、机制方面进行改革创新，又要注重创造有利于科技创新思想产生的环境和条件，注重创新文化的建设和发展。我国正处于经济的转型阶段，社会主义市场经济体制仍不完善。只有从整体上推进，才能使我国在现有体制和基础上，构建起功能齐全、符合国民经济发展需求和国际竞争需要的创新体系。二是要站在新世纪国家创新发展的战略高度，突出重点，抓住关键，不断调整国家创新体系。我们应当看到，与世界上的发达国家相比，还存在差距。

因此，我们应当在可持续发展战略的宏观框架下，进一步从国家层面上对科技创新体系进行组织、管理和调控，并且要注意要在资金、体制、机制、政策等方面强化，这样才能保证我国国民经济的可持续发展，综合国力的不断提升。

二　企业的自主创新

自主创新能力，通常是说以自身力量为主体，应用创新的知识和新技术、新工艺，采用新的生产方式和经营管理模式，不断推动经济结构的创新，促使经济可持续性增长的能力。东北地区很多国有企业之所以缺乏活力，关键是自主创新能力不足，突出表现在四个方面。

（一）自主创新战略不明确

东北地区有些国有企业没有明确的自主创新战略，不能通过自主创新战略带动和促进企业目标战略、经营战略、品牌战略、人才战略等方面的建设和发展，形成科学的战略创新体系，使企业自主创新战略更加规范化和系统化。自主创新是一个循序渐进的过程。一个企业的技术学习是路径依赖的传统方式，它的探索方向应该受到企业现有开发和传统的生产要素的影响，如劳动、资本和土地资源。通过局部的改进与逐步完善，反映自主创新是一个循序渐进的过程。

所以，要转变战略思想，真正把提高自主创新能力作为企业发展的战略基点，改变粗放型经济增长方式，提高产业技术水平。实施自主创新战略，一是要着眼于经济发展趋势，以社会和市场需求为导向，把原始创新、系统集成创新和引进消化吸收创新结合起来，在关键领域掌握更多的自主知识产权，使自主创新成为企业经济可持续发展的发动机和激发器。二是要加强应用性科技研究，推进产业的新技术、新工艺、新方法的研究和应用，把经济增长方式完全转移到依靠科技进步和提高企业职工个人素质上来，从而推动产业战略的优化，实现经济的可持续发展。

（二）自主创新机制不完善

提高企业自主创新能力需要机制的支撑和保障。东北地区很多国有企业自主创新的投入机制不完善，吸收社会资金投入科技成果开发和成果转化的渠道单一；自主创新的运行机制不健全。自主创新的运行环境和文化环境还需要进一步优化，有利于完善机制建设，增强自主创新的活力，从而实现自主创新的目标建设。因此，要多从这几方面着手，进一步促进企业经营方式的转换，促进产品、技术和管理等方面的不断创新，充分挖掘内在的经济资源、科技资源和人力资源，实现企业资源优化配置。

另外，要注意内生问题。通过自主研发核心技术，获得自主知识产权，在此基础上培养企业。国有企业也有创新的动力，决策相关的经济技术变量自主创新活动。企业自主创新能力是多种能力的联合，创新的过程中包括创新主体，从而不能简单地把自主创新能力等同于技术研发能力。具体来说，国家创新体系对国有企业自主创新动力的影响主要体现在市场促进和技术促进两个方面。

（三）经济增长方式还没有完全转变

提高企业自主创新能力是经济增长方式转变的关键环节之一，这要从三个方面阐述。第一，东北地区国有企业经济体制的改革和创新需要进一步深化。要真正把自主创新作为关系企业兴衰的大事来抓，完善有益于转变经济增长方式的运行机制。东北地区很多国有企业不能通过科技进步促进主导产品的新突破。一些传统项目需要改组、改造，有潜力的项目还需要培植壮大，产业、技术和劳动力结构不够优化。坚决关闭和淘汰那些投入多、消耗高、污染重、效益低的项目，发展循环经济，从而实现从粗放经营向集约经营的转变。总之，必须立足自主创新，通过自主创新来推动经济增长方式的根本转变。第二，要发挥市场作用。市场可以引导企业进行经济效益创新，在实践中，要鼓励能源、资源等涉及国家经济安全和国防安全的具有竞争力的行业企业参与市场竞争，从而促进企业自主开展自主创新活动。还可以通过建立有效的国有企业领导人绩效考核机制，促进国有企业领导人创新素质的提高，从而影响企业创新决策，形成企业创新。第三，需求结构不合理，低端需求过剩。低端市场需求会抑制国有企业的创新。在当代市场经济体制下，生产对消费不再具有决定性或指向性。消费者的需求决定了产品的内容和数量。需求在生产中的决定性作用影响技术创新的发展。就影响的性质而言，它可以是积极的，也可以是消极的。所以，我们既要注意有效需求规模对国有企业自主创新的积极影响，也要注意有效需求规模对国有企业自主创新的消极影响。

（四）缺少创新人才

国有企业的创新发展离不开人才。人才是企业自主创新能力提升的智力保证。要立足当前，着眼长远，在人才引进和培养途径等方面也要加大投资力度。一是健全创新人才激励机制，对有突出贡献的个人和优秀的科技成果,要给予充分激励。二是完善人才评价机制。要用多种方式来加强企业职工的考核管理,创新利于人才发展的体制机制,选拔出创新意识强、创新能力高的人才加以重用,充分发挥企业人才的整体作用,从而促进国有企业自主创新能力的提高。

综上所述,企业的改革发展离不开自主创新。只有提高自主创新能力,积极运用自主创新思维来分析和解决企业经济发展过程中出现的矛盾和问题,消除制约企业经济发展的诸多因素,将自主创新能力转化成经济发展力,这样才能促使国有企业经济高质量运行与发展。

第三章　高管薪酬分析

　　创新从投入到产出都有一定的风险，但可以资本化的成本很少，毕竟大多数创新投资不能扣除，除了更高回报率的自主创新。一个普通的公司能够有重大贡献的创新较少，甚至没有，所以需要大企业提供创新。

　　由于高管们往往厌恶风险，因此，他们往往不太愿意进行风险较大、影响缓慢的投资，比如创新投资。由于大量的创新投资、有效的投资以及信息监管的不对称，高管可能会根据研发成本控制来调整股权激励，这也是美国上市公司高管薪酬总额的来源。股权激励补充了基本工资和年终奖金，避免了短期效应。通过经理层的股票或期权，剩余索取权和剩余控制权让管理者能够具有参与企业剩余利润分配的权利，管理层的利益和所有者的利益统一，将产生激励和约束经理人的行为，指导管理层增加研发支出，从而企业的发展更具长效性。实证结果表明，在高管的薪酬股权激励和投入成反比。

　　除上述规定外，还有相关的管理办法对企业研发费用税前扣除做出了规定。研究开发费用可以按照下列规定另行扣除：研究开发费用的摊销期限不得少于一年。毫无疑问，国家高度重视和鼓励企业自主创新，并将创新活动的激励设计纳入短期奖励体系。然而，到目前为止，中国国有企业的高管薪酬的形式主要是现金补偿，补偿指标与年度利润总额和股本回报率高度相关，两者都是企业短期的绩效评估,可能会导致独立绩效。在很大程度上可以反映企业管理的成果,从而注重经营效率。建立绩效评价体系对有计划、科学地评价企业管理性能提供了评价方法和管理实践。

在薪酬评价体系下,为获得高报酬,企业通过削减研发开支和其他手段控制成本,忽视了企业的长远发展和研发对业务的促进作用。

由高度集中的计划经济向计划经济、市场经济和社会主义市场经济过渡的进程中,对国有企业薪酬体系改革的贯穿从国有企业的评价方法和"实际产出指数"为主要内容的计划经济时期和"利润总额指数"为核心内容的改革开放的初期过渡到管理评价体系"财务比率"为基本内容的时期。

改革开放的进程中,尽管企业财务管理和会计制度管理在货币价值的企业生产经营中较为严格,但股权激励的实施决定了当前的国有企业的社会收入。在股权激励计划有效期内,企业并没有把股权激励视为对企业长期努力的回报,而是视为一种福利待遇。一些高管甚至通过盈余管理操纵股价,在资本市场高价套现。

第四章 风险控制分析

由于国有企业内部风险交易和风险传递机制的一系列特殊性，国有企业风险管理与国有企业的公司治理有很大的不同。在特定的公司治理结构下，它是否会完整地解释理论上的治理结构需要进一步探讨。在利益相关者合作的前提下，公司治理结构将影响公司的经营。如果需要合作，则将交易作为内部资源的基本手段，以避免价格风险。例如，一个公司拥有一个或多个所有者的情况，如果一个企业只有一个所有者，它可能会与非商业组织治理结构进行比较，可以发现商业组织治理结构具有高度的相似性，并在长期的商业活动中成为规范的法律形式。然而，非商业组织的治理结构不同导致治理结构的不同。内部事务分配风险也可以通过外部事务转移风险。通过这两种方式实施存在发生风险的可能性。对于不同的企业不同的是，他们根据自己的规模和特定的市场环境来决定如何处理遭受的损害。因此，利益相关者之间应形成风险分担机制（事前或事后）。可以通过组织内部的业务风险交易来满足业务活动多样化的商业活动，对经济的干预和企业管理，由政策制定者进行操作。在这一点上笔者更深刻地认为组织风险最根本的来源在于人。就公司而言，它是公司经营中利益相关者之间的冲突与合作关系。公司治理结构是规定各业务组织治理结构必须能够通过交易风险的分配来保证企业对市场的适应性。一方面，企业的实际经营是建立治理结构的前提。市场经济越发达，治理结构越规范、越法制化，作为制衡权力的治理结构，是在国民经济出现巨大市场失灵之后提出的。另一方面，虽然有显式和隐式形式两种不同的治理模式，但治理系统并没有完美的，只能通过交易在外部或内部分配风险。

一是国有企业管理结构的出发点。所谓的出发点，就是我们从国有企业治理的效率指数的角度来看，一个成立时间相对短的国有企业公司治理的性能以及系统的效率指数，无论是高或低，如何判断它是好是坏，应采取许多措施来实现这一目标。同时，我们也看到这些措施是最容易取得成效的。事实上，2008年国际金融危机的冲击也使行政措施偏离了对国有企业的效率评价，增加了更多保护国有资产的措施。国有企业产品缺乏市场、基础设施不健全，不能形成真正的可以依靠市场的竞争力，加上没有贸易的支持，风险更加难以控制。二是完善管理结构的层次参照体系。在市场经济条件下，国有企业治理应具备以下条件：（1）外部治理方面，实现对国有企业公平的市场竞争。（2）内部治理方面，在建立报告制度和内部控制制度的基础上形成利益相关者的联合治理，特别是对负有重大公共服务义务的国有企业。

关于对国有企业集团及其治理，通过一系列的改革，国有企业的形式和内外环境都发生了巨大的变化。在其逐发展的过程中，国有企业公司治理结构的改革系统是从介绍的结果开始生产，但公司的业务及发展的治理结构是国有企业的模式，传统的企业管理系统的重要影响和法律以及市场环境的变化，与原系统相比已显示出其独特的特点。其中一些特征是现阶段企业制度变迁带来的竞争优势的企业特征。对于员工多、规模大、业务覆盖多个行业的国有企业，要继续研究企业的治理结构。首先，要集中发挥集团的重要作用。国有企业集团不应该根据垄断理论来对国有企业进行研究，微观企业的组织结构，对我们来说是没有价值的，容易产生因小失大后果。对于国有企业集团来说，重点不是公司，而是垄断市场的效率。通过考察企业对行业和区域市场定价的影响，垄断分析更加局限于特定的行业和区域。在这一市场分析中，"寻租"的成本在本质上并不像理论上所说的只是大型企业的发展，事实上已经超出了早期卡特尔的定义，能够产生的不利的一面是，它显然有可能抑制竞争。二战后此类组织的出现曾一度被视为对自由企业和市场的真正威胁，可能破坏管理效率，并破坏长期存在的自由市场理念。然而，现实情况是，一旦企业集团的内部交易结构受到外部市场和法律环境的变化的影响，内部资源配置的相对完整在市场交易模式下的企业集团将更有效率，因为事务信息比市场完整情况下更完整。从实用的角度来看，中国企业的发展，经济体制的改革和开放，企业面临越来越多的全球竞争，这是历史的必然，也是现实的必然。因此，正确判断企业集团的经营效率和企业集团对市场的影响更具有价值和意义。在西方经济体制下有着悠久的发展历史，背后有着稳定的企业制度和成熟的经营机制。在市场经济体制下，西方社会对大型企业和集团都有了更加大规模的发展。为了完成这一使命，与民营企业相比，大量的大型国有企业也必须是我们未来很长一段时间发展的方向，与此同时，在由此产生的市场前提下，中小企业在中国正朝着建设大型企业集团的方向迈进。目前，在三大改革措施的推动下，大型国有企业的现实模式已迅速形成。国有资产监督管理制度的形成，实现了企业国有资产的集中管理，进一步实现了国有企业特别是国务院国有资产监督管理委员会直属中央企业的促进行政权力和产业集聚的基本资产管理。

中央企业治理结构的主要因素。股份制改革形成的多元化投资格局为完善国有企业的公司治理结构创造了基本条件。传统国有企业改革的重点之一是股权多元化，改革股权制度和公司制度，积极推动引进有条件的战略投资者或有条件的大型优质企业进行全面重组和上市。如果不符合条件，则需要对主营业务资产采取统一行动，使上市公司更好、更强。将所有未清偿的主营业务资产注入上市公司，通过增资扩股、资产收购等方式在股权改革的前提下，公司治理结构应由国家多股东治理，这必须符合股份分享、登记注册，由总经理执行。对于转变公司核心治理理念，完善公司治理结构，实现决策权与行政权的分离，提高公司的决策和管理水平具有重要的政治核心作用。成员应在非标准治理结构要求的前提下充分发挥自己的作用，而非标准治理结构要求必须在公司治理结构框架下进行。在理论上，非企业经济体制是政府行政管理体制的产物。在政府与企业人员、资金、激励手段广泛深入的条件下，政府的管理系统改革的现状和困难是中央企业行政管理体制与企业经济体制并存。

在中央企业改革过程中，国有企业不仅在国有资产的转移中存在这样或那样的问题（如员工所有制和管理层收购），还会在一个相对较短的时间内发生明显变化，因此，公司治理也是长期管理股份制改革的重要举措。民营企业股权多元化和管理机构比较完善，但仍不如外资企业。在对引进外资的国有企业的统计分析中，有以下几个方面是显著的：一是就业增长率下降；二是生产经营效率提高；三是与此同时，外资在该行业的直接竞争也对国有企业产生了负面影响。在集中中央企业的过程中，往往采用托管、资产配置、企业兼并等手段。在公司治理结构的四个方面可以发现，目前的治理结构仍然存在一个很清晰的影子政府，与此同时，与利益相关者理论描述的多样化相一致，并连接对方强大的利益集团，新旧制度之间的协调还需要进一步调整。

首先，内部风险对外转移的平台和渠道。其次，要确保企业通过交易来分散市场基础的风险。治理结构越完整，治理层反映的风险越小。相反，事实上多样化是需要成本，市场交易方式是正确反映的情况，交易成本失真是以风险管理为基础的。究其原因，国有企业风险控制的根源在于缺乏合适的治理结构平台，使得风险无法向内向外分散，与理想的公司治理模式相比，国有企业的治理结构并不完善。从表面上看，这与缺乏制度和组织缺陷有关，但从本质上讲，还是缺乏必要的、平等的利益集团和国有企业分担企业管理风险。国有企业在改革过程中面临两种思路。一是寻找能够并愿意与企业分担风险的主体，当增长快于企业的风险积累时，风险才能被企业控制。根据前者的观点，企业的风险分配要求其利益相关者具有匹配企业风险分担的能力。然而，从实践的角度来看，无论是员工、管理层还是外部投资者（包括国内和国外）都可以扮演风险分担者的角色。这一问题表现在在国有企业改革无法引进国外战略伙伴，发展水平仍然不高，很难找到合格的利益相关者参与大型国有企业的改革。其利益相关者在企业边界之外进行风险分配，股份制改革将变得形式主义，难以深化，公司治理结构也难以达到一定层次。这一方式为国有企业提供了一套积极的解决方案，来化解大型国有企业的经营和合理性问题。如商业组织的金字塔结构，从上到下，通过内部行政命令分配将是一个失败的模式，而通过改变企业组织结构，降低行政成本，能够恢复内幕交易的风险分担功能。这种转变的过程，本质上是行政强制。这个过程会产生两种效果。第一，有效配置国有企业内部风险，强化企业封闭。企业通过外部市场分散风险的机会减弱，甚至利用外部市场的力量将进一步增强企业分散内部风险的能力。第二，正如已经指出的非市场风险的配置是有上限的，这将导致完善公司治理结构的内部需求。

针对这种情况，我们需要注意以下几个方面的问题。

一　国有企业联合风险管理

国有企业风险治理涉及以下共同的治理利益相关者。一是国有资产监督管理机构及其关联资产管理公司（以下简称监管机构）。根据《中华人民共和国国有资产法》，相关部门做了影响风险分配的分析，监管机构对利用国家资源进行严格授权才能解决企业的风险问题。因此，监管机构在风险治理过程中往往会将风险分散到企业内部，监管者是国有企业风险治理的"虚拟"和"终极"

的参与者。二是国有企业基本制度塑造的利益相关者（以下简称内部人）具有谈判和承担风险的能力。这是内部风险分散的一个重要课题，从参与风险治理的基本趋势来看，这些利益相关者倾向于将风险向外分散。利益集团对风险的理解和利益集团承担风险的能力是影响企业风险态度的重要因素。作为未必能够参与风险分担机制的一方，在国有企业风险治理方面要发挥重要作用。由于组织结构的设计，企业内部存在一个独立的经济实体。这些组织是企业内部的风险分配的交易主体。国有企业的风险决策和权力要进行下放。在国有企业风险治理方面，往往会营造一种内部风险的氛围，而进行风险分担是国有企业风险管理的主要内容。金融机构在国有企业风险分担中也具有更加具体的改革办法和措施。企业风险管理方面，由于国有企业资源有限、经营目标有限、治理结构不完善，因此，从机构投资者出发，对企业风险控制有着严格的要求。战略投资者是国有企业风险管理的长期参与者。战略投资者分为外资企业、国有企业和民营企业。从现状来看，只有金融机构和战略投资者才具备国有企业风险管理的谈判能力和风险承受能力。虽然监管机构、资产管理公司和政府部门对国有企业的风险控制有一定的话语权，甚至在一定条件下有绝对的风险分担能力，但它们缺乏发声的法律基础。在当前国有企业的风险管理中管理者参与风险管理的能力有限。承担风险的主体太少，不利于企业风险向外多元化发展。在这样的背景下，企业的风险管理者越多，需要分配的权力和得到的回报就越多。从风险管理的角度来看，国有企业的决策处于不确定的环境中。除了金融机构和部分战略投资者外，话语权的分配与决策过程中各方的风险承受能力并不匹配。

二 国有企业风险管理机制

目前，国有企业风险管理的主要参与者是监管机构、金融机构和战略投资者。对于这三个关键参与者，金融机构和战略投资者由于其风险容忍度低，因此，他们本质上是治理参与者。监管机构没有承担风险的能力，因此，他们是参与者，监管机构和内部人士是分配内幕交易风险的关键角色，另外，国有企业风险管理还存在两个主要问题。一是，在外部风险多元化方面，风险管理必须确定外部风险和内部风险，在外部风险多元化分配和内部风险分配过程中，国有企业的风险分布具有协调能力。参与这一进程的三方参与者将风险向外扩散。二是，由于监管机构无法承担风险，表面上放弃了出口企业风险的多元化。如果监管机构的目标是使国有企业的资产价值最大化，那么更适合将重点放在金融机构进行风险分散。相反，如果监管机构的目标是自身。那么，在国有企业内部风险分配过程中，会产生监管者监管下的"内部人"之间的博弈。因此，国有企业的风险分配更倾向于内部风险分配。国有企业要具有行政制度保障。作为国有资产的监管者，要实现监管目标，必须通过切实可行的机制保障国有企业内部风险分配交易规则的实施。当监管目标没有通过内部交易时，进行风险配置要具有市场基础。此时，企业内部风险分配必须更多地依靠行政机制。上述分析也可以解释大型国有企业和企业集团中存在行政主体的必要性。

三　国有企业主要风险类别

从上面的分析可以看出，国有企业的风险控制问题不仅包括管理而且也包括风险管理水平的工具，但更本质的风险控制还必须多样化，需要完善配置机制建设问题，即重组过程中的管理机制不完善造成的风险，这种风险已超越了管理水平，是风险管理涉及的基本机制问题。因此，对国有企业在风险管理中所面临的主要风险类别的讨论必然不同于风险管理。管理探索的风险级别和风险类别要具有可控性，寻找探索的因素。例如，国有企业风险管理的独特之处在于国有企业的风险管理中与一般市场风险相比更具有风险管理的缺陷，这就会产生和积累治理风险。因此，国有企业的风险分析必须首先关注与风险治理相关的风险因素和风险类别。

主体损失风险导致主体缺乏合适的风险承担者。在风险管理的过程中可以有效地应对企业管理面对的不确定性和风险溢价安全问题，也是参与者的基本控制系统作为一种有效的企业风险管理（激励）风险分担主体，可以约束下属公司治理结构，在治理过程中维持权利和义务的动态平衡。企业的风险控制过程是风险承担者的调控，即一些名义上的公司治理参与者不能或只能在一定程度上参与企业的风险控制过程，但可以参与企业的风险控制过程。风险控制决策对参与主体起着关键的作用，但缺乏必要的风险承担能力。这样，企业的法律风险承担主体，如企业法人本身，在实践中就没有明确的方向。这一控制风险方式的缺失体现在风险决策中，表现为企业在没有决策的情况下的风险规避行为，或企业在没有监管的情况下任意参与高风险活动。体现在内部风险配置过程中缺乏规范的参与者参与市场定价过程和外部风险多元化谈判，市场机制难以在市场中获得回报，即使对于应对经营不当行为，风险溢价是抓住内幕，而实际回报率为负。当今的国有企业更大更强，而风险问题也越来越突出，基本反映了国有企业在改革（如全面上市）方面，为大型国有企业引入合适的投资者。因此，股份制也是混合所有制，它不是一个反复试验的问题，风险管理也不是设立专门的风险管理机构的问题，而是公司治理结构如何应对不确定性的问题。

这个过程发生在企业的内部事务中，而在完全市场化的过程中，尽管稳定事务对象的优势是可预见性和可控交易成本，但交易的组织框架仍然需要管理内部交易规则的建立。首先，国有企业的内部风险分配与市场化商业组织基本相同。根据企业价值链的构成，对单个企业内部二级结构进行了改革和调整。企业内部交易风险配置的基本市场机制基本形成。其次，由于缺乏风险承担者，风险治理本身并不完善，内部交易规则的建立也相对缺乏。表现为：（1）缺乏内部交易风险分配的基本共识；（2）企业市场组织难以发挥内部风险分配的作用，虽然已经具备现代企业组织形式，但与传统计划经济体制下行政管理相比较，风险管理仍具有较强的行政色彩。

四　国有企业内部风险错配风险

一般来说，商业组织的内部风险配置按照匹配的风险类别，风险溢价的大小和内部风险承载力来进行。特定风险类别应由特定的内部群体或利益集团进行，在这种情况下，风险溢价的大小和内部风险承载力相对比较重要。大型国有企业规模大，可以通过组织内交易将风险溢价分摊。国有企业改革过程中的内部制度系统，增加了国有企业内部风险错配的可能性，通过调整和完善形成的国有企业内部组织结构和商业模式，为了提高操作效率，如上市公司一般具有充足的资本，由于具有更好的操作效率，所以有很强的风险承载力。相比之下其他企业缺乏完善的风险管理机制，内部风险分配机制不健全的企业倾向于风险配置。国有企业存在一些次级组织，企业过度积累这些小组织的风险，当风险溢价的时机到来时，二级组织获得巨大收益，风险溢价为负，损失大的问题在于与强调风险与能力匹配的市场风险配置机制相比，在内部资源风险配置的影响下出现的不平衡风险管理。

但是，在法律框架下其中任何一项都是合理的。对监管机构来说，最大的问题是他们无法"走后门"，企业风险可以作为国家风险进行传播和放大。这种行政扩张的企业，将影响企业组织结构和治理结构。一方面，国有企业是一个高度复杂的企业组织；另一方面，风险操作有利于国有企业培育相对独立的利益集团，这些利益集团依靠自身的技术或能力进行风险控制，从而控制企业的资源配置。随着国有企业封闭式风险管理的激励不断增强，最终外部参与者会排斥和抵制企业风险管理。

企业集团面临的宏观风险及其分类：一是国有企业或国有企业集团风险控制需要关注其风险的来源，并研究其传导机制。在这个层面上，我们应该关注一般风险类别。二是分析和评价国有企业在不同行业所面临的风险类别，对第二级的风险进行一般性评价。政治风险是指国有企业在政治因素影响下整体经营绩效的状况。由于企业改革和国有经济总量的扩大，国有企业在第二产业占比较大，由于国际因素影响造成的政治风险不是首要风险。然而，对于国有企业集团来说，政治风险是国有企业集团面临的首要风险，也是单个国有企业综合风险管理无法覆盖的风险因素。究其原因，在于企业微观组织体制改革和服务是基于市场机制的服务。过去、现在和未来的行动计划，尤其是国有企业改革的微观企业管理水平有一个原型是对一个特殊的市场导向管理的重要支撑。然而，从社会的角度来看重点国有企业，无论是国有企业管理效率低下的企业在社会系统的疾病，还是在管理国有企业的改革路径效率方面都越来越清晰。活跃时期的社会分配制度下的国有企业，核心问题是政府与企业之间的辩证关系问题。这个问题的答案只能用国家和企业之间的价值来判断，进而调整和指导微观层面上的企业制度改革。国家和企业之间的关系是企业微观结构的基本价值判断。这是在制度变迁的基础上，国有企业制度变迁并不能改变我国经济社会的基本取向，因而不能对周围的国有企业给予质疑和批评，而且这些企业创造了政府强大的执行力。政府对经济生活的影响涉及微观经济学的各个方面。这不是本文的重点，所以我不在这里讨论它。这里我们只是想在一个微观经济下讨论公司治理结构中战略投资者的引入以及在此基础上培养负责任的风险管理利益相关者的问题。

五　国有企业金融风险控制

国有企业集团面临的第二个共同风险因素是财务风险。国际资本市场波动对国有企业资本运营产生巨大的影响，在金融危机中，各国经济和企业受到冲击是普遍现象。这也是国有资产监督管理部门出台相关文件，用相关金融工具规范国有企业资本运营行为的原因。对于单一的国有企业来说，内部风险控制机制的缺乏和对复杂金融工具的肤浅理解是造成企业集团金融风险的主要原因，由这一因素引起的财务风险是企业风险的主要表现形式。值得关注和研究的是，非法经营造成大量的国有资产流失，直接影响企业的正常生产经营活动，监管机构和政府应该如何应对的问题。然而，大型企业和集团高度依赖政策和金融支持，内部风险管理能力不强，一旦控制不当就会给企业带来巨大风险。风险通过金融系统向政府和企业传导，在金融体系内产生积累，当一些外部激励效应产生时，就会诱导和限制大型企业和集团的发展，如随着金融业信息化的推进，利润快速增长，金融市场规模的扩大和快速增长就日渐复杂，金融创新的深度和广度也正在加快。尽管金融危机的出现催生更严格的金融监管方式，但可以预见的是，严格的金融监管不只是依靠信息技术，进行资本市场金融创新与实体经济为目标的提升，更严格的金融监管和金融创新将改变过去不标准、难控制的局面，向更规范、更容易操作和控制的方向发展。

六　国有企业商业风险控制

商业风险即微观层面的产业风险。国有资本对各行业企业集团来说，有必要进行研究。监管部门分批确定了中央企业的主营业务。中央企业的主要任务是涉及主要产业，包括原材料产业、制造化工产业、军工、食品加工业、农业、交通运输、电子电信等。有从事建筑业和房地产业的企业，有从事资产管理行业的企业，有从事文化产业的企业。一家经营消费品，一家经营轻工业，一家经营药品，一家经营旅游业，一家经营纺织品，一家经营建筑业和房地产业、交通运输业等六个通信和其他基础产业。特别是在企业监管的许多领域都难以克服困难。这个行业的复杂性也将不可避免地开展各种形式的外部监督。新产业为了维持利润水平，所以对监督提出了更高的要求。当监管机构无法对企业进行多领域的有效监管时，往往会使用简单的行政命令来限制企业进入新的行业，这将对企业的经营活力产生负面影响。一些行业的国有资产管理市场风险和操作风险会增加，特殊企业风险的影响和风险的具体行业不加以调整，则对经济增长方式的转型形成较强的阻力。从这个角度看，国有工业企业集团所面临的风险，本质上是国有资产企业的国有资产，其发展目标是由国有资产监督管理部门设定的。国有企业所要求的控制目标，使国有企业能够把重点放在基础产业布局和国民经济运行上来。

在国有企业集团风险控制中，特定的风险和风险类别的传导机制将演变为整体风险。因此，有必要对风险传导建立一种阻断机制，阻止宏观层面自上而下的风险传导。而在合同规定的框架下，国有企业集团积累的风险是否会扩散到更广泛的社会范围，并逐渐从单纯的经济风险向社会风险和政治风险转变，也必须找到合理的调控对象和目标。

如果政府作为宏观调控的决策者，那么国有企业集团就起着关键作用。系统设计倾向于内部风险管理和实际系统操作外的扩散，为了防止风险扩散，企业发挥了重要作用。国有资产监督管理制度在国有企业内部风险扩散过程中能够发挥更大的作用。

七　国有企业风险传导机制：微观层面

随着股份制改革和公司治理结构的完善，国有企业制度建设形成了一大批具有完整法律意义上的国有企业集团。内部风险控制体系的逐步完善和风险管理技术的逐步掌握，为国有企业集团不超越企业边界的风险传递提供制度空间。国有企业风险管理是现代企业管理的重要内容，能够弥补管理的缺失。在国有企业集团中，各级监管机构、中央企业和地方企业、在投资、经营和人员方面往往是密切相关的。相互持股所实现的股份制只是对政府部门控制传统国有企业的一种改造，而相互派遣高级管理人员所形成的公司治理是对过去部门管理的延续。实际上，企业经营者承担自己的风险，自己筹集资金。企业之间形成"利益共同体"可以提高当地企业的议价能力，但不利于整体的社会经济形势。日本财阀和韩国大公司就是典型例子。

八　国有企业风险传导机制：监管体系

国有企业集团内部积累的风险将影响国有企业资产规模的扩大。提高国有企业应对未来突发事件的能力就成为国有企业发展的首要目标。正如标准市场经济理论所讨论的那样，存在市场失灵情况。应该说，这些方面是我国国有企业自然资源、基础工业、高利润产业布局，以非凡的速度和国有企业集团基于快速发展的趋势。国有企业作为价值创造的主体，作为宏观调控的一种手段，控制功能应该强大。而随着经营的疲软，经济体制的风险也随之增大。在这种情况下，尽管大型单一国有企业风险承担能力强，从管理监管的难度和成本角度来看，也可以防止国有企业风险传导超越企业边界。但在追求利润、强调价值积累的过程中，国有企业在业务方面必然会突破企业风险传导的边界。在风险控制方面，当国有企业改革的目标不能满足企业投资者和最终责任人的要求时，将逐渐模糊所有制的等级特征。这种情况在"关于实施年度国内经济刺激计划"上表现得十分明显。实施者计划并在全国范围内大规模投资收购中央企业。如何在市场经济条件下保持监管体系的地位，企业集团的管理活动特别是风险控制制度、监督和具体指导是目前国有企业监管机构全面控制个人和集团风险的做法。《条例》以国有企业改制政策、投资战略与股权转让政策、成本核算与退出政策、法律顾问招聘政策、特定行业从业人员投资政策等，作为全面控制企业集团的风险的手段也是合理的，但也相对模糊。如果不改变这种状况，对于国企改革而言，这是长期以来风险难以控制的根源之一。从国有资产监督管理机构对国有企业的风险控制来看，除了外部制度安排外，还需要在企业内部塑造合适的主体，以实现监督管理机构的控制意图。大型国有企业传统管理体制的存在客观上塑造了不同于企业管理者的风险治理主体。

跨境转移的机制包括两个方面。一是国民经济的缓慢发展和金融支持的必要性，大型国有企业作为实现政府宏观调控措施的一个主要的渠道，客观地将其积累的风险转移到整个社会，国有企业集团不太可能进一步向外部世界传递风险。二是就财富的最终所有权而言，国有企业属于全体人民。完善风险管理的基本机制，才能合理实施风险管理。大型国有企业集团应与社会需要相互适应。

九 国有企业风险控制分析

由于企业经营者的肩上承担着风险。因此，监管机构要对风险进行理解和定位，以及设置和防范。国有企业集团发生了许多变化，但国有企业的地位没有改变。因此，当国有企业以低效率运行时，第一反应往往是想到传统计划经济体制下国有企业的低效率形象，因此受到了强烈的批评。当国有企业的效率越来越高的时候，社会又表示明显的怀疑和深切的关注。人们在行为上追求国有企业效率高，但在舆论倍加批评。这一切都源于发挥企业集团的重要作用。我们仍然需要强调和研究它们的"同一性"。监管机构在系统设计的理论和机构中扮演着投资者的角色，负责企业的经营，但在实践中，监管机构只能参与企业具体的经营过程。否则，监管目标可能无法实现。问题是如何监管政府。根据《国有资产管理法》的规定，委托经营模式下的国有企业需要负责国有资产的保值增值。因此，可以这样理解：首先，国有企业经营的目的与其他企业经营的目的是相同的，即获取利润。需要帮助国有企业实现利润，以实现更高的国民经济发展，那么就会产生"关怀"。一般对一个人的偏爱的根源往往是身份问题。目前，国有企业与社会脱节的主要原因是政府过分重视国有企业在经济社会发展战略中的地位。其次，国有企业资产存在许多问题，如负债水平高或资产外部担保过多，导致大量负债。监管机构更重要的任务之一是防止这种风险转移成为全面的金融风险。防范的重要机制是在统一定价的基础上完成企业之间的资产负债分配和并购各方之间的风险分配。没有这样的机制，对参与破产程序的任何一方以及破产的公司都是不公平的。对于专注于国有资产的监管机构来说，这意味着亏损。尽可能地支持企业处置以自身风险收购的拍卖资产。因为这些行业的垄断地位使得国有企业进行渠道和转移风险存在现实可能性，监管机构有必要重视限制国有企业的垄断的问题。最后，对国有企业所属行业总量进行监测。目前，国有企业应该存在哪些行业，同时又应该参与哪些行业，都有具体的标准。对于某一时期的国有企业集团来说，哪个行业更重要。竞争激烈、利润丰厚领域的国有企业集团在一定条件下过度投资也会产生不良后果，导致整个产业的竞争力被削弱，甚至影响整个国民经济体系。

第三部分

东北地区国有企业改革路径

第一章　完善国有企业内部控制

20世纪70年代以来，由于各国金融危机频发，出现了严重的社会经济问题。金融危机的原因是复杂的。金融体系本身的脆弱性是造成金融危机的内因，但最重要的因素是缺乏内部控制。中国加入WTO后，在中国金融业融入国际社会的过程中，虽然没有发生重大危机，但国有银行等金融部门都存在大量不良资产，其中风险是显而易见的，克服这些风险已成为亟须解决的问题。

随着西方现代内部控制理论和实践的发展，形成了以美国、英国和加拿大为代表的三个内部控制框架。许多发达国家纷纷效仿这三种内部控制制度。我们也因此在理论与实践的基础上，形成了具有自身特点的东北地区国有企业内部控制标准。2008年颁布《东北国有企业内部控制基本准则》、2010年制定《东北国有企业内部控制支持指引》并于2011年同步实施，标志着基本准则与支持指导相结合的内部控制体系的形成。

目前，在东北地区金融业国有企业的总体情况下，存在许多不同形式、经营不同金融业务的金融控股集团，其中内部控制尤为重要。在此背景下，探讨东北地区金融国企的内部控制是一个具有现实意义的课题。

国外学者Rotch（1994）认为，有效的内部控制制度应包括战略、结构和动机，而不应局限于会计要素。这有助于不同的小组、不同的部门在目标上相互配合，从而提高组织运作的效率，实现组织的战略目标。中国学者杨宗昌（2004）认为东北地区国有企业内部控制实际上是一项系统工程。东北地区国有企业的改造结构与其他相关方面是密不可分的。戴文涛（2010）认为东北国有企业内部控制的本质应该是一种风险管控活动，其目标是实现东北国有企业的可持续发展，充分发挥东北国有企业的最大价值。在这种情况下，东北国有企业财务风险的管理与控制就成为其内部控制的本质特征。杨雄生（2011）认为，内部控制是通过特殊的手段与对策来保障和促进自身利益和自我，预防和控制自我伤害和非自我的一种系统体系。由此可见，国内外学者们更多的是从现实的需要出发、以学科理论为视角来解释内部控制的本质属性，而不是从内部控制实践的原始面貌出发，按照科学的态度来进行总结。

本书采用文献资料法，收集和查阅相关理论基础，对东北地区金融类国有企业内部控制进行了研究，先来阐述东北地区国有企业内部控制的现状及其形成的原因，找出风险和隐患，在分析了具体问题的基础上，提出了具有实效性和可操作性的建议和方法，来提高国有企业的风险预防、控制和监督水平，从而实现东北地区国有企业经营目标的过程。完善东北地区金融国有企业内部控制制度，是金融业自身发展的需要，也是国际经济一体化的迫切需要。

从字面上看，内部控制是东北国有企业的不断完善过程，这是动态的。内部控制是一种具有控制功能的措施和程序，应予以规范和系统化，让它成为一个严谨完整的体系。东北国有企业内部控制的基础是其专业的管理体系，其目的是防范和有效地监督和管理内部控制风险。经过系统的全面建设，经济业务以流程的形式表现出来，从而形成了一系列的管理规范。

一　内部控制的发展

（一）内部遏制

东北地区国有企业的内部控制系统从内部遏制开始，这是最初的阶段。内部遏制是指改进组织的经营管理，防止组织业务中可能出现的问题，从而得出一些内部遏制的特点：一是个人或部门不能完成内部遏制，由多人或多个部门共同工作；二是内部控制需要在明确分工的条件下建立，通过审计和交叉操作等方法防止业务失误。由此，我们可以总结出建立内部遏制的两个必要前提：一是两名或两名以上（包括两名）人员犯同样错误的概率较低；二是多个人或多个部门在同一件事上作弊的可能性比一个人要小。

（二）内部控制制度阶段（1940—1970年）

1940年之后，内部控制理论的发展，主要是由于经济的不断发展和中国东北国有企业的规模不断扩大，复杂的国有企业在中国东北的结构，需要降低审计成本，内部控制的质量的持续改进。在这种情况下，内部控制的系统论应运而生。根据该理论，内部控制的目的是保护东北地区国有企业的资产，提高形成一系列规范体系。这些规定的实施，使东北地区国有企业的管理过程更加规范和协调，促进了东北地区国有企业的合作。在这一阶段，内部控制的可靠性决定了其测试覆盖率，测试内部控制成为审计业务的出发点。在现代审计中，内部控制在被审计单位中发挥着重要作用，前者是东北国有企业制定的经营管理规则，后者主要是为了保护东北国有企业的资产，保障财务会计的稳定与安全。

（三）内部控制结构阶段（1980—1990年）

20世纪80年代末，西方会计理论的发展逐渐深化。《审计标准公告》由美国会计师协会于 1988 年 4 月发行。原有的"内部控制结构"被"内部控制"所取代。该准则将内部控制分为内部控制环境、会计制度和内部控制程序，它的出现改变了东北地区国有企业的内部控制结构，也指导了东北地区国有企业的会计核算和审计方法。

（四）内部控制总体框架理论阶段（1990—2004 年）

1998 年，巴塞尔银行监管委员会在收到 COSO 报告的部分内容后，根据国际金融发展形势发布了一份报告，受到了极大关注。COSO 再次发布了一份关于风险管理的报告，与以往的风险报告相比，东北地区国有企业从现阶段风险管理出发，是充分利用吸收这份报告的内容，来加强东北地区国有企业的综合风险管理。因此，构建出东北地区国有企业的内部控制体系的主要内容和基本框架。

二 内部控制的主要内容

（一）合规与合法性控制

内部控制的主要目的是使东北地区国有企业的经济活动合法、合规地进行。例如，有关会计部门应严格检查和监督东北地区国有企业的一切经济经营活动所产生的文件和凭证，并采取坚定的态度揭露或防止违纪违法的经济经营活动。

（二）授权和分权控制

当前，东北地区国有金融企业规模不断扩大，与东北地区的联系日益密切，使得东北地区的国有金融企业经营更加复杂。因此，东北国有企业的高级管理人员有权处理一些事务，对下级的权力进行授权和下放，合理区分事务和权力。在各种经济活动发生的时候，有必要加以控制。同时，要清楚在处理一系列相关事务的时候，权力与责任是相联系的，权力越大，责任越大。这样可以明确每个人的范围和责任，控制经济业务。

（三）不兼容的业务控制

内部控制制度的建设，对于一些不相容的业务，它必须分开进行，应该由两人以上执行，互相检查，防止徇私舞弊。当处理两项或两项以上的业务时，只有一个人参与其中，发生欺诈或错误的数量将会增加，称为不兼容业务。例如，东北地区国有企业的出纳与会计就是典型的不相容业务分离。对于东北地区的国有金融企业来说，一个经济业务应该划分为多个环节，由不同的人员或岗位来管理，而不是由一个人或部门来处理。

（四）审查、检查和控制

东北地区国有企业要求对每一项经济业务都要进行反复核查，这是经济管理信息可靠性的保证，避免了错误和欺诈。为了加强内部控制，东北地区国有企业需要对其经营记录进行审核，使其准确可靠。有两种方法可以反复检查：一是检查记录时间；二是检查账户。通过以上两种方法进行核对，既要保证记录的准确性，又要保证其真实性和完整性。

（五）质量控制人员

企业员工的素质决定了内部控制的有效性。东北地区国有企业的内部控制制度，只有配备能够承担相应业务的高素质员工，才能发挥其应有的作用。高素质的人才应该接受过一定的学习和训练，具有较强的专业技能和专业素质，达到一定的知识水平，还要具有优秀的思想品德。同时，为了达到控制的目的，定期轮换员工岗位，更全面地加强业务考核。实践证明，常规工作轮换的员工可以通过检查工作交接期间，及时发现和纠正错误相关人员的工作，并能督促员工扎扎实实的工作，这是一个行之有效的、可以加强内部控制的措施。

三　东北地区国有企业内部控制体系的基本框架

（一）创造良好的文化氛围

加强和改善东北地区国有企业的内部控制环境，离不开创造良好的文化氛围。良好的文化氛围能够促进企业内部控制系统保持稳定运行，同时要清楚企业在管理和控制方面存在的不足，如果你想实现更好的内部控制，必须要得到财务会计主管的批准，这是上下级之间的限制。

（二）建立有效的控制活动

一是控制人员活动。东北国有企业内部可以明确每个岗位应该做什么、什么时候做、怎么做。明确文件保管、收集及会计记录人员的职务分工。企业管理人员在核对时，应避免重复，把每个帖子都设置自己的密码，而且要实现这一目标，必须从控制、奖惩、激励等方面鼓励员工积极参与。二是加大隐蔽的欺诈行为的识别力度。随着业务工作实践的展开，欺诈行为更加的隐蔽，要加大控制力度，具体的控制方法包括数据输入输出控制、权限控制等。

（三）加强企业内部审计制度建设

一方面，为了使企业内部审计发挥真正的作用，保护和监督东北地区国有企业财产不受损失，要加强内部审计制度建设。当内部控制出现问题时，管理层能够采取有效措施，并对内部配备有工作能力的人员。另一方面，地区金融国企内部控制的因素很多，包括内部环境、外部风险和自身控制。东北地区许多金融国有企业对影响其内部控制的因素并不十分了解，许多步骤实施起来难度越来越大。东北地区国有企业在发展过程中，更注重外部，而并不是根据自身特点来制定内部控制标准，以应对相关部门的检查。因此，内部控制系统会运用现代管理技术。

（四）风险管控

风险管控在企业内部控制体系中发挥着重要作用。大多数管理金融风险的人员业务知识和素质能力没有达到一定水平，并没有那么多的知识储备。此外，与国外金融机构相比，我国金融机构纠正风险控制中存在的问题，也就难以使内部控制制度发挥风险防控的作用。为了帮助东北地区国有企业管理实现内部控制的目标，有必要明确各个层次和职能。目前存在的问题是，东北地区国有企业的控制活动，经营者对其关注较少，相关管理部门也没有明确指出其中的一个重要因素。在行使行政权或决策权时，可以保证特定的方法与程序。

四 避免内部控制失效

东北地区国有企业普遍存在所有权缺失或不作为的现象。就所有权而言，国家是所有者，但却没有对经营者进行应有的监督。从实际来看，东北地区国有企业的管理者会为利用权力谋取私利、滥用职权埋下伏笔。东北地区国有企业的内部控制体系的大股东，不愿建立内部控制系统。具体事务中发挥的作用是，有的担任总经理，有的担任董事长，全面监督东北地区国有企业的经营管理。在法律方面，没有非常具体的规定来保障监事会的执行权利，因此往往过于正式。监事会无力承担职责属于市场经济的职责范围，更好地规范每个人的利益，及时掌握经营过程中的情况，尽量对信息反馈错误采取补救措施。

此外，这些都将直接或间接导致东北地区国有企业风险管理和监督东北地区金融国有企业的内部控制。金融监管部门采取了三种方式进行控制。这里着重提出的方式是加强对东北国有企业财务内部控制的监督，特别是高度重视更完美的内部控制环境，把中央银行的监管和企业的财务管理结合在一起。

五　重视控制程序

（一）职务分离机制

从东北地区国有企业管理岗位的角度来看，当个人担任多个相关岗位时，工作中可能存在舞弊或掩盖错误的现象，这就是岗位之间的不相容。在处理业务的过程中，多个人员或部门应该一起工作。业务活动的过程应当是独立的，交易的完成应当受到监督和控制。

（二）加强内部审计的预防和控制

东北地区国有企业，要加强内部审计，预防和控制国有企业的内部风险，并对内部控制制度存在的问题提出科学的整改建议。同时，要进一步加大内部审计工作人员的培训力度，提高整体业务素质，降低国有企业的内部风险。

第二章 完善国有企业监管体系

一 金融监管体系的定义与构成

(一) 金融监管制度

1. 产权与监管

从法律监督的角度看,财产权是一种以经济所有权为基础的权利,它包括许多内容。产权具有实体性、独立性和分离性三个属性。从企业的角度来看,产权是指企业财产的所有权。在现代管理理念中,企业所有权与经营权是分离的。因此,为了充分保障其权利,企业产权所有人具有监督权。

企业的所有者,关注企业价值的不断收益。监督的目的是控制运营成本,但成本管理本身就是一种投资,监督也会产生一定的成本,因此成本的监督体系将使企业产生不同的差异。监管制度的理想状态是一方面保证产权所有者在企业中获得足够的剩余价值,另一方面尽可能降低企业经营成本。

2. 金融监管制度

财务监督制度是对企业财务状况和经营活动进行检查和管理的制度。金融监管体系包括监管主体、监管客体、监管模式、监管内容和监管目标。财务监督的意义在于使企业的经营更加规范。通常,货币是主要的表现形式,监督的内容包括财务周转、企业财务决策、财务执行等。

3. 分类实施金融监管

从不同的角度对金融监管进行分类，会产生不同的效果。一是从监督主体的角度进行分类，可以分为内部管理和外部管理。内部管理是指企业的内部管理，企业成员对自己进行监督。外部监督是指其他部门、组织和有关机构实施监督。二是按时间划分，金融监管可分为事前、事中、事后三类。事前监督是指对企业实施具体财务活动前的监督，具体绩效是对企业实施财务预算和活动计划前的检查。事中监督是指对企业正在实施的一项或若干项财务活动进行监督。事后监督是指对企业已经完成的财务活动进行监督，监督的对象是该活动的结果。

（二）金融监管体系的构成

1. 金融监管体系的目标

东北地区国有企业经历了改革的浪潮，逐步形成了现代财务管理模式。东北地区大部分国有企业产权与经营权分离，对金融监管的需求更加强烈。根据当前经济发展的趋势和我国独特的国情，东北地区国有企业的财务监督主要有两个目的：一方面，对东北地区国有企业的各种财产资金和成本费用进行监督，保证财产、资金的安全完整与合理使用，达到用尽可能少的投入，获得尽可能多的产出的效果；另一方面，实现东北地区国有企业的现代化管理。为实现这两个目标，东北地区国有企业监管机构应严格按照制度进行监督管理，充分发挥其金融监管职能。

2. 金融监管体系的主体

（1）政治主体。东北地区国有企业的政治机构主要由国资委、财务部门和审计部门组成。国资委站在企业业主的监督下实施监督。它主要监督企业资产与国家政策的同步。在实施监督时，国有资产监督管理委员会委派监事，有权罢免管理人员。财务部门是政府对企业财务的监督机构。企业的监管政策是与财务部门共同制定的，财务部门也有权对企业的资产进行监管。审计部门主要负责监督企业的会计数据，检查企业的结构和增值和大量经济管理活动。

（2）经济主体。经济主体有两种类型，一种是国有资产控股公司，另一种是内部监督主体。所谓的国有资产控股公司控制着东北地区国有资产的管理权，而内部监督主体包括企业董事会、股东大会、监事会等。

（3）社会主体。国有资产属于全民所有，人民有权对国有资产进行监督。因此，东北地区国有企业的经营要向全社会开放，东北地区国有企业的经营要接受全社会的监督。东北地区国有企业的财务监督主要由人大代表、全国政协少数民主党派，社会中介机构和政府建立的公共平台三个社会主体进行。第一，人大代表的监督权由宪法规定，人民政协的民主党派也有权对东北地区的国有企业进行监督，监督的主要方式是听取审计部门的报告。第二，社会中介机构的分布是行业协会和学术团体，还有如会计、审计机构等一些非常重要的社会监督组织机构。这些机构坚持法律监督原则并由于它的一些特殊性，可以获得东北国有企业内部信息，所以它会更准确。第三，政府在东北地区建立了多个国有企业监管的公共平台，进一步增强了东北地区国有企业监管的社会力量。

3. 金融监管制度的对象

东北地区国有企业金融监管体系的对象表现在三个方面：一是经营者的监督。处于信息时代，运营商的监督越来越重要。因为对企业来说，人力资源是最重要的资源，运营商往往控制着企业的重要资源，确定国有资产的价值。二是对重大问题的监督。国有资产所有者有权对重大问题进行监督，掌握东北地区国有企业未来发展方向。三是资产监管。根据目前的情况，国有资产有两种类型：金融资产和非金融资产。

4. 实施金融监管制度

（1）监督国有资产所有人。实际上，这种方式是利用监管机构来实施监管。在相关法律中，也反映出东北地区国有企业应接受相应部门的监督，这是一种义务，也是法律责任。

（2）内部监督。内部监督主要是依赖于财务制度，监事会有责任对东北地区国有企业的内部财务进行监督。

（3）外部监督。外部监督是指上述的外部管理，由其他部门、组织和相关机构对东北地区国有企业的财务进行监督。

（4）财务总监与会计委派制相互独立。便于获取国有企业的私人信息，更容易实施外部监督，更加开放。

二 东北地区国有企业财务监督制度分析

（一）东北地区国有公司治理结构存在的问题

1. 缺乏股东监督功能

东北地区国有企业改革的前提是坚持公有制为主体。因此，在东北地区国有企业股权中，国有股和法人持股比例非常大，这与德国和日本的产权结构非常相似。这种现象导致股权高度集中，形成单一的主导状态。这种结构对业主具有一定的利益，可以保持对企业的绝对控制，也有利于自身利益的保障。企业中有董事和监事，但他们在职务上只有监督权，没有股份。因此，这些职位的负责人通常象征性地履行他们的职责，并没有发挥真正的监督作用。因此，东北地区许多国有企业虽然也有这些基本岗位，但实际上是空缺的，股东的监督职能根本没有创造任何价值。东北地区国有企业的监管最初是由各方共同进行的，但由于所有者的缺位，政府任命的董事会将东北国有企业的监督管理权整合在一起。

2. 董事会职责不明确

由于东北地区国有企业的特殊性，董事会成员大多由国家任命，这导致了董事会的随机组成。由于董事会缺乏独立行动的能力，董事会的价值没有得到体现。对于企业来说，董事会成员应该由高素质的人才组成，其中根据职位的特点，应该有高级管理人员、财务管理人员以及法律等方面的高素质人才。事实上，东北地区国有企业的董事会大多由党政干部组成，他们的专业知识不够专业，经营能力也不突出。因此，一旦企业面临重大决策，董事会就不能发挥应有的作用。对于企业来说，董事会主席应该代表企业的相关利益，但实际上东北地区很多国有企业的董事长和总经理都是一人兼任，导致所有权和经营权不明确。

（二）内部审计存在的问题

1. 内部审计缺乏独立性和权威性

内部审计的独立性和权威性是由其直接领导决定的。直接领导水平越高，内部审计的独立性和权威性就越高。保持良好的内部审计独立性和权威性的程度，以确保审计的顺利实施。外国企业通常有几种形式，内部审计接受董事会的领导、内部审计接受监事会的领导、内部审计接受企业经理的直接领导或者企业内部审计接受审计委员会的领导。东北地区国有企业的内部审计是旧制度的一个影子，大多数国有企业的内部审计由总经理领导，与其他部门平等。因此，它们的独立性和权威性受到很大的限制，审计工作难以开展。有些企业甚至直接把审计和财务设为一个部门。

2. 内部审计人员的素质亟待提高

近年来，随着市场经济的快速发展和内部审计职能的逐步扩大，对审计人员综合素质的要求越来越高，目前，内部审计人员存在的问题一是内部审计人员专业结构比较单一，复合型人才偏少，二是内部审计人员创新理念不强，三是审计工作方法单一，没有充分利用现代信息手段进行审计。不能满足实际工作的需求，整体素质亟待提高。

（三）会计监督存在的问题

1. 会计监督的法律机制不健全

会计行业在经济建设中是越来越重要的，同时会计监督的法制建设在不断完善。东北地区国有企业会计监督是基于相关法律，对商业活动的监督，但事实上直到现在会计监督方面还没有形成一个完善的法律体系。这就导致实际工作中，会计人员难以开展监督工作。

2. 企业内部会计监督不到位

东北地区国有企业存在一个非常严重的漏洞，即会计人员本身是企业员工的一部分，受管理者的管理，这意味着会计人员自身监督管理受到了限制。个别企业负责人违反相关法律的规定，会计人员也不敢向有关部门报告，因为一旦被发现会影响他自己的职业生涯。基于对自身利益的考虑，企业内部会计人员监督工作不严格，不到位。

三　东北地区国有企业财务监督制度存在问题的原因分析

（一）公司治理结构存在问题的原因

1. 监事会的角色很难扮演

国有企业设立监事会，对企业财务进行监督，这是一项法定责任。作为企业的监察机构，事实上，东北地区国有企业监事会并没有发挥应有的作用，也没有履行监督职责，主要原因是监事会隶属于股东大会，但股东大会常设机构是董事会，导致监事们的判断很难做到独立客观公正。

2. 高级管理人员的局限性

根据最新的企业制度，董事会根据股东的利益在经理市场上招聘经理，因为经理市场竞争激烈，可以选择最合适的专业人才。事实上，在东北地区的国有企业中，管理者并不是董事会讨论的对象，也不是经理市场调查的对象，而是由政府的人事部门直接指派的，负责东北地区国有企业的管理。

从当前的社会发展和经营理念来看，这种用人方式破坏了东北地区国有企业本应存在的公平原则，未能体现优先录用原则。不能保证政府直接任命的公正性，也不知道一些政府部门的官员能否坚持任命管理者的客观原则。从现实的角度来看，东北地区国有企业高级管理人员是由政府直接任命的，行政干预的迹象太严重，这将损害其他股东的利益并生成复杂的利益关系，并不有利于根除东北地区国有企业经理腐败的现象。

（二）内部审计存在问题的原因

1. 对内部审计工作重视不够

内部审计的主要职能是监督一切经济活动的合法合规，资产安全和使用有效，进一步防范舞弊和腐败。东北地区国有企业审计部门严重缺乏独立性和权威性，对内部审计工作不够重视，审计人员薪酬偏低，没有足够的独立性和权威性，审计工作的环境有待提高。

2. 内部审计开始较晚

东北地区的国有企业内部审计工作开始时间并不长，所以在制度建设方面还存在一些不足。所谓的内部审计，其最重要的功能是企业财务监督，包括国际收支情况的监督，对于一些重要部门的资金、人员和监督进行主要的经济活动的监督。根据经济活动的时间变化，内部审计可以分为事前、事中、事后三种形式。

然而，东北地区的国有企业还没有形成这种制度。这是因为东北地区原有的国有企业制度仍然具有一定的影响力。虽然主体制度和结构发生了变化，但具体的人员和用人制度没有明显变化。因此，内部审计的完善一直在探索过程中。东北地区国有企业内部审计工作的改进并非易事。现在大部分的东北国有企业内部审计制度的形式是事后审查，审查对象是国有企业已经完成的财务活动的结果。这种情况一方面是由于东北地区国有企业经理足够的重视，另一方面是由于完善东北地区国有企业现有管理系统的内部审计体系不是一件容易的事情。

（三）会计监督中存在问题的原因

1. 企业负责人法律意识淡薄

东北地区个别国有企业的个别管理人员为了自身利益，会故意指使会计人员造假账，甚至伪造相关文档，会计人员受到利益的驱使违反法律法规。造成这种情况的原因有三点：一是由于自我利益的趋使；二是一些管理者受各种因素的影响，只关注企业的短期利润；三是法律意识淡薄。

近年来，东北地区许多国有企业的管理者在会计工作中存在舞弊行为，不仅损害了东北地区国有企业的发展，而且使我国部分金融市场受到了很大的冲击，对股东和投资者的利益造成了极大的损害。但是，由于会计行业的法律制度的不完善，对直接管理者的处罚力度不够，从而使其不规范的行为没有得到有效限制。

2. 会计人员综合素质不高

会计行业是对个人素质要求极高的职业。东北地区国有企业内部会计监督主要依靠会计机构和会计人员。因此，核算监督和制度监督共同构成了内部会计监督系统，会计机构和会计人员是核算监督的行为主体。

近年来，会计行业在经济建设中的重要性逐渐被社会各界认识到，会计人员的重要性也被越来越多的企业管理者所重视。但问题是会计人员的综合素质不可能在短时间内得到提高。会计人员的综合素质包括基本知识的掌握、法律观念的充分、监督意识的和风险意识的提高以及职业判断和独立性的充分。

东北地区国有企业很多会计人员普遍没有足够的法律观念和专业素质，接受管理者的直接管理，也没有足够的独立性。甚至很多会计人员都是东北地区国有企业经营者的"跟班",这也是东北地区国有企业会计监督存在缺陷的重要原因。对于会计工作来说,虽然工作质量受到很多客观原因的影响,但所有的会计数据都是由会计人员产生的,舞弊行为一定是依靠会计人员的个人参与。因此,东北地区国有企业会计人员的素质问题亟须得到有效解决。

四 东北地区国有企业财务监督体系的建设与完善

(一)完善公司治理结构

1. 实行股东会制度

从现代企业管理的角度来看,东北地区国有企业改制后的财务监督体系还是落后的。东北地区国有企业财务监督制度的不断完善,未来非常需要进一步落实和加强股东会制度。现代企业管理要求企业产权明晰,政府与企业分离。股东大会的作用是保护企业利益,保证内部监督的价值。实行股东会制度必须做到以下几点。

一是要赋予股东会选择董事的权利,作为保护企业利益的保障。政府可以向股东推荐候选人,但不再拥有最终决定权。

二是要保护少数股东的权利。在东北地区国有企业中,国有股占绝对优势,中小股东的话语权有限,所以要保护中小股东的基本权利,例如了解企业财务状况的权利。

三是个人股东应该有权起诉董事会。董事会出现不规范的行为或财务状况问题是不可避免的,但董事会并不处理这些问题。在这种情况下,股东代表应有权对董事会提起诉讼。

2. 规范董事会制度

董事会作为企业管理的重要组成部分,具有自身的监督管理作用。因此,董事会的管理水平和监督水平对东北地区国有企业的财务监督起着决定性的作用。

一是董事的选任应当有一定的制度和标准，并向社会公开。由政府直接派遣董事会成员，不利于监督职能的发挥。

二是董事的任命应由股东大会决定；各董事候选人应向股东大会提交其个人信息，并在选择和任命时征求全体股东的意见，应该以全体董事的形式来履行董事会的职责。目前，东北地区国有企业的董事会主席几乎拥有所有的权利，这是非常不合理的。董事长的真正职责是在取得全体董事的授权后召集和行使职权。

三是独立董事制度。按照现代管理的标准，企业中必须有独立董事。所谓独立董事，是指从未在企业中担任过职务，独立于管理层的人。

（二）完善内部审计制度

1. 确定内部审计活动的状态

为了保证内部审计的独立性和权威性这两大特点，必须明确内部审计的地位。内部审计人员应具有足够的客观性，其活动范围不应限制监督工作。在实际中，内审部门的直接领导应是东北地区国有企业的主要领导。目前东北地区国有企业内部审计没有硬性规定，由于内部审计部门的领导直接决定了内部审计部门的独立性，所以要在未来加以规定。

一是要规定东北地区国有企业必须设立审计委员会。审计委员会是董事会的常务委员会，直接由董事会领导，不受任何个人领导。由于董事会在东北地区国有企业中具有足够的管理地位，并且董事会对所有董事共同负责，因此可以保证审计工作的独立性。

二是明确审计委员会的责任。在内审部门，有权任命负责人并独立规划工作，负责人必须参加部门会议。内部审计与董事会之间的良好沟通依赖于审计委员会。

三是审计委员会可以与内部审计部门共同了解企业的财务状况，很好地开展监督工作。

2. 提高内部审计人员的整体素质

为了满足内部监督的需要，内部审计人员应具备足够的专业知识和技能水平，并在日益复杂的经济环境中不断提高自身的综合素质。

一是为了提高内部审计人员的综合素质，东北地区国有企业应该实施良好的员工培训并进行职业规划设计，因此，内部审计人员可以有足够的机会相互沟通，接受专业的培训，提高他们对文化的经济环境的适应性。

二是为了提高内部审计人员的学习能力和竞争力，我们应该充分调动内部审计人员的工作积极性，为他们提供充分的表达自己的机会。

三是在审计人员的聘任方面，根据东北地区国有企业的实际情况，建立多元化的招聘渠道，从财务、生产、管理等多个专业中选拔内部审计人员。内部审计人员可以根据自己的专业标准和积累的经验，在审计过程中提出有针对性的改进措施。

（三）强化会计监督职能

1. 完善相关法律法规

党的十八届四中全会提出全面推进依法治国，总目标是建设中国特色社会主义法治体系，建设社会主义法治国家，会计行业的法律体系得到进一步完善并发挥了作用。基于此，一是要正确认识东北地区国有企业实施会计监督的重要性，将会计监督应用于财务监督，落到实处，力争在初期便遏制一切不规范的财务活动；二是在国家现行的会计制度的基础上，加快完善东北地区国有企业会计监督的法律制度体系，作为财务监督的指导方针，满足弥补现有不足的需要；三是要加强配套法律法规。在《会计法》的基础上，完善相关的公司法和刑法等制度，使一系列制度相互配合，建立起东北地区国有企业的会计权威性。

2. 提高会计人员的综合素质

一是加强会计人员的法律意识，东北地区国有企业应定期组织会计人员学习行业相关法律，培养依法监督思想，提高会计监督的严谨性和责任感。二是提升会计人员的道德标准。会计人员应具备较强敬业精神和责任感，诚实自律。企业要有针对性地培养强化会计人员的道德观念，树立正确的国家财务管理理念，从而高效率高水平地处理东北地区国有企业复杂的经济管理活动。三是培养会计人员风险意识。会计人员在东北地区国有企业中发挥了重要作用，随着工作实践活动的开展，会计人员所面临的工作局面越来越复杂，在保证专业素质的同时，必须要从大局出发，科学分析工作实践中遇到的各种具体问题，提高自己的研判力，从而出色地完成自己的工作。

第三章　加强国有企业融资体系建设

无论是在发达国家还是发展中国家，国有企业在国民经济中都占有举足轻重的地位。而且，在改善我国经济布局、促进就业发展、创新科技水平、促进社会化产业分工、扩大进出口等方面也发挥了重要作用。根据国家发展和改革委员会的数据，截至2013年底，东北地区国有企业超过4200万家，占全国企业规模的90%以上。东北地区国有企业直接生产的产品占全国的58%，出口总额占58.2%，利税约占50%，创造了大量的就业机会，加快了我国的经济发展。东北地区国有企业第三产业生产总值占全国的58%，第二产业出口规模占全国50%，利税占50%。

综上所述，东北地区国有企业已成为我国经济持续、高效、协调、进步发展的核心。随着经济的不断进步，国有企业在东北地区国民经济和社会进步中的地位日益突出。与此同时，东北地区国有企业所遇到的各种问题，尤其是融资问题，也逐渐成为人们讨论的话题。目前国内关于促进东北地区国有企业经济发展的理论研究主要集中在企业经济运行中的融资难问题上，这也体现在融资渠道的判断上。

林毅夫（2001）指出，由于信息不对称，国有企业在东北地区有监控不严造成的风险交易，以及逆向选择的职业风险和信息不对称造成的资本损失，极大地影响了东北地区国有企业技术的实现。Mallick（2002）指出，美国东北部的国有企业的信贷缺口达到20%，信贷和信贷缺口极大地影响了企业所有者和bank-enterprise的关系。

本章基于对目前国内外大量有关国有企业研究现状的梳理，总结出了以下相关问题，主要包括东北地区国有企业规模定义的标准，以及东北地区国有企业在市场经济中如何进行融资的定义、明确了概念、方法和途径等。针对当前我国东北地区国有企业融资困难和融资成本高的问题，通过对现状的分析研究，并结合国外经验，指出造成这种现状的原因主要有以下几个方面：一是东北地区国有企业自身的问题；二是当前金融体系的障碍；三是资本市场不完善。在剖析原因的基础上，从几方面提出了完善融资体制建设的对策。

一 东北地区国有企业融资难的理论分析

国有企业在融资的过程中会遇到各种各样的金融环境，尤其是它与金融市场和金融管理机构之间的信息回流、解析及传播水平条件，比如消息级别，都会造成东北地区国有企业和金融机构之间的融资困难、融资成本高的结果。

（一）信息不对称理论

信息不对称是指买卖双方对彼此的信息了解不足，影响了正确的经营决策。因此，在市场经济中，存在糟糕的选择和道德风险。

1. 信息不对称导致逆向选择和道德风险

逆向选择是由于买方在交易开始前并不知道卖方的信息而导致的事前信息不对称。在许多汇集资金的机构中，做生意的难易程度是不同的。根据风险收益对等原则，融合基金风险高的人一般不会偿还他们所欠的钱。然而，由于投资者处于新闻的落后一面，他们将无法非常清楚地了解企业的情况。投资者为了给自己带来利润，会在能够补偿违反银行信贷合同的情况下，提高利息，这会导致低风险的投资损失，出现优质企业的退出现象。

道德风险是事件发生后或交易开始时不同信息的结果。受益人投资后，有关企业使用受益人的资金，将违反合同内容。然而，它决定采取高风险的管理和运营项目，这将带来巨大的既得利益。然而，与此同时，反向风险也存在，这是不被受益人欢迎的。在管理不善的情况下，受益人为投资失误的损失负责；相反，获利方只获得先前约定的利润。这样，企业的风险活动给投资受益人造成损失的概率肯定大于给投资受益人创造的可能利润。然而，由于投资受益人不能监督企业的行为，道德风险是无法避免的，导致投资受益人宁愿不进行任何投资。

根据目前的金融运行理论，银行机构与贷款人之间往往存在信息不对称。使用资金的人比提供资金的人更了解企业的发展方向。因此，它将利用这条消息的优势来做相应的操作，这将促进它的好处，这将给提供者带来更大的风险。因此，商业银行要确保贷款人没有风险，就必须最大限度地了解贷款人的全部信息，以提高审计的准确性和完整性。如果银行机构不能通过具体措施直接或间接获取借款人的准确信息，则更容易要求贷款人对其财产进行担保。一般来说，银行更愿意向能够提供财产担保并有偿还能力的企业提供金融援助。由于东北地区国有企业的财务信息往往不明确、失控，为了避免不良选择，他们不得不拒绝提供贷款服务。

模糊财务状况是企业融资难、融资成本高的另一个问题。由于我国企业规模较大，其经营和经营信息的披露程度远远强于东北地区的国有企业，信息的可靠性也优于东北地区的国有企业。通过同样的比较，银行很乐意把更大的业务放在首位。此时，信用档案的建立不足，信用担保制度的缺失，也使得东北地区国有企业难以整合资金，导致融资成本较高。市场的畅通运行，应按照双方的承诺进行，即不违反合同条款。目前，我国面临的信用管理制度建设不完善，企业相应的制度仍是一片空白。因此，整个社会的信用处于危险的边缘,影响了经济的发展速度,使东北地区的国有企业在银行中失去了信誉。因此,银行贷款的要求更高,手续更复杂,交易成本更高。在这种情况下,为了降低银行的坏账准备金,银行更倾向于选择信息公开程度高的企业,而东北地区的国有企业则很难做到信息公开。

2. 信息不对称导致银行"信贷配给"

在市场经济中,如果银行机构要排除信息不对称的情况,不会导致逆向选择风险监管实践,他们将使用其他技术方法进行调节,从而使东北地区国有企业金融机构支持贷款配给比率。信用配给是指在一般利率情况下,借钱的欲望大于供给,这可以分为两种类型:一是对于借款人的信用评级来说。一些申请人应该能够获得贷款,从而促进信用评级的发展;二是贷款申请人的借款需求得不到充分满足。信贷配给虽然可以解决部分信息不匹配问题,但仍不能解决当前市场经济中的经济风险。

(二)资本缺口理论

东北地区国有企业的资本缺口是东北地区国有企业愿意向金融体系提供的资本与债务之间的差额。现有的资本缺口主要是规模不经济。无论是正规资本市场,还是非正规市场,企业的规模和经营年限都有限制,公司的生产经营必须符合国家标准。这使得东北地区国有企业在资本市场融资困难。由于风险投资是股权投资的范畴,其回报往往是事先不知道的,而风险投资的固定成本已经成为许多东北国有企业获得风险投资的障碍。

二 东北地区国有企业融资面临的问题

(一)东北地区国有企业发展现状

根据国家统计局的数据,截至 2006 年底,中国东北地区国有企业超过5000万家。东北地区国有企业逐渐成为技术升级和产业创新的新载体。通过促进和实施东北地区国有企业的发展，可以大大加快我国当前经济的产业发展和市场运作。

（二）国有企业在东北地区国民经济中的重要作用

1. 经济增长的动力

东北地区国有企业在我国的经济发展中发挥着重要作用。进入21世纪以来，东北地区国有企业的发展是当前社会发展的重点与核心。我国的第二产业发展绝大部分是由东北地区的国有企业承包的，包括轻工业、重工业、对外服务、小商品等，其中90%由东北地区的国有企业生产。东北地区国有企业通过促进地方产业升级，为经济发展和转型提供了取之不尽的动力和坚实的后盾。

2. 缓解就业压力、维护社会稳定的根本力量

近年来，随着经济体制的变化和国有企业的重组，在安置新就业人员、吸纳富余人员等方面保持了各项改革措施。东北地区国有企业现在企业资产占比虽然一定程度上减少，但创造了更多的就业机会，成为一个新的就业机会的重要来源。也就是说，东北地区国有企业通过给新就业工人和农村剩余劳动力提供工作机会，对于缓解就业压力、维护社会稳定起到了很大作用。

3. 技术创新的重要力量

技术手段创新促进产业升级，同时形成格局转变，这是经济发展的重中之重。不论创业规模大小，技术创新都为行业的发展提供了强大的条件。技术创新是企业发展，规模转变的关键。东北地区国有企业在改革发展中提供了技术创新的条件，一定程度上成为促进中国工业经济格局转变和发展的重要力量。

（三）东北地区国有企业融资困难的主要表现

1. 内部融资比例较低

在初始融资中，东北地区国有企业多数是通过银行借款完成。

银行贷款成为东北地区国有企业主要的融资方式，或者说是，由于内部因素和对外部资金的需求，使得国有企业对银行贷款产生长期依赖性。2014年《中国民营企业发展报告》指出：截至2012年底，在东北地区国有企业融资形式的增长中，银行贷款占80%、企业自有融资占4%、其余资金占小部分。可见，东北地区国有企业在当前的发展中，资本积累实力较差，融资比例较低。

2. 间接融资发展缓慢

目前，银行贷款还是东北地区国有企业主要的融资方式，间接融资是第二种方式。在现实中，所谓间接融资应该包括社会闲散资金、票据贴现、银行贷款等多种形式。然而，我国商业信贷和票据市场的发展还处于起步阶段，发展速度尤其缓慢。特别是东北地区国有企业缺乏综合资金来开展票据贴现经济业务。这不仅是由于企业发展理念的缺失，也是由于我国会计制度落后造成的现状。东北地区只有小部分国有企业能够通过设备租赁来整合资金。银行贷款还是由于其服务类型的综合性和手续的便捷性，逐渐成为银行贷款的主导部分。

三 东北地区国有企业融资的国际比较与借鉴

目前，许多发达国家都采取了各种财政政策和措施，支持国有企业解决相应的资金来源问题，均取得了很好的效果。由于各国的实际情况不同，方法也不尽相同。

（一）英美模式

以美国为代表的欧美发达经济体，主要与美国竞争，建立一个相对公平的金融体系。在融资方面，美国建议主要根据联邦政府管辖下的财政体制，促进闲置资金，帮助企业创业。由于资本市场相对健全，可以通过资本股利提供直接支持。主要有五种融资方式：

1. 自己的资本

美国人愿意用自己的钱建立真正的企业。与此同时，社会上还存在着大量的闲置资本，导致美国社会企业中个人资本所占比例较大。

2. 商业银行贷款

商业银行通常不愿向国有企业放贷，因为国有企业的经营状况或信誉不如大型企业。为了打破这一尴尬局面，通过联邦政府的特殊组织来促进政策的实施。当然，相应的利率会更高。

3. 风险投资企业

风险投资公司是私人组织，因为他们可以承担更大的风险，也可以贷款给中小企业，但利息相对较高。20 世纪 50 年代，美国政府通过《小企业法》后，成立了联邦小企业管理局和风险投资企业，为国有企业创造更多的资本优势。根据各州的情况，这可能包括提供低息贷款或为债务提供担保。

4. 政府贷款

美国还努力通过以下三种方式加强政府直接援助：一是美国政府更注重从技术创新能力相对较强、发展状况较为乐观的企业直接贷款，但数额严重受限。这是美国政府在保持利益稳定的同时，能够采取直接赞助的唯一优惠政策。二是通过增加自然灾害贷款，促进政府支持。这不同于一般的帮助，其目标是使其能够更好地经营受影响的企业得以重新建立起来。三是国有企业创新研究经费援助。在政府的帮助下，美国国有企业的科技创新和产业优化升级步伐加快。

5. 证券融资

对于规模类似的中型企业，你也可以考虑通过向外发行股票和债券来合并资本。如今，美国资本市场的发展更加多元化、多层次、全方位，包括大量资本的创新型证券交易。

英国的情况与美国大致相同。根据英国的资本市场和金融市场，英国小企业的资金来源主要是自有资本和证券。通过无形资产的整合，以及个人资产的添加，不选择促进社会闲散资金的整合，从而促进企业的发展。此外，英国还通过引入证券最低资本约束，已经达到了英国企业证券融资的最低比例。

（二）日德模式

日本和德国一直专注于微观监管，以帮助国有企业取得进展。为促进国有企业的发展，日本采取了更加积极的方式，它不仅放弃了积极支持的政策手段，而且通过社会政策和企业搭建互助平台，利用平台完善金融体系，达到经济发展的支撑作用。

1. 商业银行

日本通过将金融机构分为城市银行和地方银行来促进私人金融的发展。其中，城市银行的主要作用和核心服务是为大型企业提供有效的金融服务。20世纪80年代以后，一些金融机构的黄金时代已经过去，信贷业务的发展受到了阻碍。在这种情况下，大型企业逐渐不再依赖贷款，而是专业化的企业融资方向。因此，城市银行资金闲置，不得不开始关注国有企业信贷业务，通常规模不大的日本地区性银行一直专注于为国有企业提供融资。

2. 日本私营国有企业专业金融机构

日本的私营部门主要通过提供信贷保险库和信贷银行来促进金融机构的发展。它们包括信贷组合，与其他概念相比而言，信贷组合主要强调自律，对国有企业的贷款比例非常高。

信用库是按照《信用库法》的规定，由原市信用合作社，逐步通过市场运作，转变为会员制金融组织，地方有500家左右。互助银行也是根据相关法律设立的，可以为国有企业提供金融服务。如今，他们逐渐占据了很大的比例，在日本只有69家，专注于为国有企业提供会计制度相对健全的服务。

3. 风险投资运营机构

为促进技术创新和产业升级进步，日本建立了专门促进科技发展的金融机构，主要对经济发展带来的风险进行合理化监控。它还通过对国有企业的股权资本进行投资获得收入。之后，将金融服务转换为原始股权，当公司业绩良好时，会获得股票的风险收益。这样的组织在日本并不多见，但他们从中受益最多。以上是日本风险企业的构成。

与日本、德国的国有企业管理模式存在较大差异，尽管在银行系统而不是股票市场筹集资本市场，然而，融资内源融资的框架包含了相当大的重量，企业可以通过积累、促进产业升级有很多内生相比，日本是丰富的。在德国，来源融资一般集中于银行融资。

（三）两种模式的比较

1. 两种模式的共同点

通过对比发现，两种模式的共同点主要在于政府金融支持政策：一是建立健全法律保障体系。为了促进国有企业的健康发展和进步，日本和德国司法部门制定和完善了相关法律法规，维护地区国有企业的利益，促进产业发展。二是建立贷款担保体系。完善的贷款担保体系也是两种模式的共同点之一。通过完善担保机制，提高银行体系对地区国有企业信用评级的信任度，提高贷款水平。三是提供贷款。美国和日本都采用直接贷款的方式来解决融资困难的问题，但与其他方法相比，所占数额较小。

2. 两种模式的区别

一是美国不提供很多政策性贷款，而是注重政策引导，促进私人投资。由于美国对不同州的政策管理程度不一致，国有企业管理局是否能达标尚不清楚。因此，引导民间投资，是当前较为审慎的做法。

二是美国的风险资本市场是最进步的。各种创业基金的发展为地区国有企业提供了大量的资金支持。与此同时，健全的风险监管也为私人投资拓宽了道路。

三是日本对地区国有企业的财政支持相对较大。与其他国家相比，日本对地区国有企业的财政支持可以说是非常全面的。考虑到地区国有企业融资的每一个细节，政府和人民群众对国有企业融资有着详细的支持方法。

四 解决东北地区国有企业融资难的对策

不容置疑，融资问题是东北地区国有企业必须面对的一个现实问题。诸多因素导致目前现状，因此，整个社会应该共同面对、共同解决。主要是通过信息和政府之间、企业与金融机构之间联合，相互监督、资源共享，积极解决东北地区国有企业融资困难、融资成本高的问题。

（一）加强东北地区国有企业自身建设

1. 积极规范公司治理结构

如果公司的管理框架不符合要求，不仅会影响投资决策和融资，还会降低企业的发展前景。因此，企业管理框架是决定企业融资水平的重要因素，东北地区国有企业必须整合企业管理框架。要解决东北地区国有企业融资难的问题，首先要规范东北地区国有企业的管理框架，提高经营管理水平，提高利润水平，进而提升东北地区国有企业的融资水平。

2. 积极改善间接融资

此外，针对东北地区国有企业依赖银行投资的现状，积极完善融资租赁等社会间接融资方式。在市场经济条件下，企业未来的发展命运受到企业信誉的影响。因此，要把企业诚信作为企业的生命线，增强守约守信的自制力。东北地区国有企业应该通过提升自身的企业信誉而拓宽获得间接融资的渠道，所以必须诚信经营，规范办事：一是要与信誉良好的企业建立良好的合作关系，为自己提供担保，获得银行贷款。二是要与金融机构保持沟通，汇报企业资金状况，赢得金融机构的信任。三是要科学规范自己的企业制度，提高银行的信用评级。

（二）设立中小金融机构

东北地区国有企业的发展，需要一些具有相同制度和框架的中小金融机构的帮助。当务之急，可以通过促进中小银行业绩转型，明确其发展方向、不同于大型商业银行的发展路径和职责，加快推进设立中小金融机构的进程，更好地为东北地区国有企业提供融资服务。

1. 建立健全金融机构

针对东北地区国有企业的不同特点，建立和完善相应的金融服务机构，通过专业化模式为企业的发展和经营提供有针对性的融资服务，如地方商业银行、中小民营银行等。中小金融机构由于经营规模、结算状况、自身发展等特殊条件，难以为大型企业提供服务。中小金融机构的市场定位是探索能够解决东北地区国有企业融资难问题路径，从而能够为东北地区国有企业提供更加优质、高效的金融服务。因此，中小金融机构要主动将服务核心转向东北地区国有企业，巩固产业结构，通过全方位的服务促进东北地区国有企业与中小银行的结合，使二者相互促进、相互发展。另外，地方政府也可以通过积极的促进政策，引导本地区类似的商业银行成为东北地区国有企业的核心服务机构。

2. 建立和完善相应的政策性银行

要提高东北地区国有企业的发展水平，最好结合国内外经验，借鉴国外成功案例，根据我国目前的发展状况，建立相应的政策性银行。政策性银行主要是通过国家政策来提供财政资金或出售部分东北地区国有企业现金基金资金来源，基本操作的目的并非是要赚钱，而是积极配合开展和实施政府支持东北地区国有政策意图，以满足相应的法律法规政策的要求。

（三）创新东北地区国有企业的融资方式

1. 发展融资租赁

融资租赁是企业在发展过程中常用的融资租赁方式。通过政策性融资租赁的使用，不仅可以为企业提供融资支持，而且可以带来更好的发展前景。东北地区国有企业可以通过融资租赁的方式，在经济紧缺的情况下，换取新的机械设备，不影响东北地区的经济发展和工业运行维护。

一般来说，融资租赁的成本不仅低于私人融资，而且低于中国人民银行提供的贷款利息，风险也并不高。相对于同期其他融资方式，融资租赁的形式灵活方便，限制较少。与银行贷款相比，租赁融资是东北地区国有企业目前可使用的最佳融资方式，在我国的发展前景也是最好的。融资租赁改变了传统的信贷方式，商业信贷的固有形式已发生变化。融资租赁可以积极向企业提供各种方便，解决融资困难和融资成本高的问题。可以说，由于融资租赁自身的特点，在东北地区国有企业的技术改造和融资方面，具有其他融资方式无法比拟的优势。

2. 非正规金融

非正规金融通常被称为民间金融。这种民间融资不仅在世界上大多数发展中国家很常见，而且在一些发达国家也很普遍。民间金融发展较快，并且能够与发展中国家很好地相结合，从而不断促进全球经济的发展。当前，民间金融在我国经济发展中同样发挥着越来越重要的作用，其经济效益和市场效益越来越受到企业的重视。前市场经济条件下，作为政策性金融体系的重要组成部分，民间金融对东北地区国有企业的产业升级和创新具有重要作用。但是，我国东北地区国有企业民间融资还存在许多问题，如缺乏合理有效的信用体系，融资风险较大。因此，我们要从以下几方面着手，做好民间融资：

一是要积极落实征信制度，发挥政策在金融政策中的优势，切实降低东北地区国有企业和民间投资者的风险。这是促进我国东北地区国有企业融资业务发展的前提条件。政府需要将非正规金融纳入金融监管体系，降低东北地区国有企业的融资风险。作为正规金融体系的补充，非正规金融的存在对于解决东北地区国有企业的融资需求起着非常重要的作用。虽然私人信贷市场是不均衡的，但私人主体所进行的融资活动可以作为一个正式的金融体系来管理，而不是简单地加以封堵。

二是在发展民间融资过程中，要合理预测和监控融资风险，既要保证东北地区国有企业的资本安全，又要保证投资者的政策安全。民间金融相对适合东北地区的国有企业。由于季节性、暂时性等原因，在银行机构、农村信用社等惰性金融机构的选择中，获得贷款的方式却是无奈地采取融资方式。与此同时，因为民间金融的存在，高利息也导致民间金融缺乏市场性规范。民间融资除了高利息，不需要手续费和抵押品，虽然收到了许多公司的支持，但其更高的利息行业造成还款压力大，不良现象是显而易见的。

三是政府应明确制定和完善相关政策法规。通过法律法规保障民间融资，明确交易场所，允许资本供应商和供应商在这里见面和交易，提高准入门槛，使民间融资合理化。市场管理部门只收取少量费用，中国人民银行只对利率进行上限管理。这样不仅可以避免经济诈骗案件的发生，保持正常的财务需求，而且可以改善东北地区国有企业的融资渠道，促进国民经济的发展。

第四章 加强国有企业的资本经营

　　经济全球化为发展中国家提供了许多吸引外国投资和产业结构调整的机会。我国作为一个发展中国家应该跟上时代的步伐，使国民经济迅速适应经济全球化的环境。国有企业占据我国国民经济的主导地位，不断变化的企业制度在我国产权制度和管理机制进行交换是产生了区别。管理机制在众多的操作模式、资本运作，以其独特的经营理念中可以提高企业的价值，企业前景将更加广阔，也正逐渐应用于国有企业的管理中，成为一种实用、有效的方法。然而，在资本运营中也存在不确定性因素，在其增值管理决策中会遇到很多风险。在企业的投资活动中，由于风险与收益并存，因此，大部分投资决策都是通过承担必要的风险做出的。面对这种情况，企业应该制订投资计划，在避免和分散风险的同时尽量减少对利益的损害，从而实现利益与风险的最优融合，达到最优平衡点。企业在准备投资时，应灵活应对各种不确定因素，优化经营结构，实现资本价值最大化。

　　目前，我国国有企业不仅要为外部因素做好必要的准备，还要对资本运营中的内部因素做出相应的调整。经济学家李振明（2009）在《资本管理》一书中指出，随着我国现代企业制度和现代产权制度的逐步建立和完善，重视和自觉地实施资本管理已成为企业生存和发展的必由之路。但我国资本经营仍面临着许多难题。笔者运用正确的理论知识和资本管理理论与方法对国有企业的资本管理进行研究，为实现企业的跨越式发展提供了良好的信息。经济学学者 Yun-hong（2015）在《国有资本运营的理论》一书中，反对"国有资本管理"的观点是相对较新的，以难以标准化的主题作为深入研究的主线进行分析和论证，并通过这本书对国有资本管理问题进行深入的研究，为国有企业资本管理提供了一个良好的理论基础。目前，各国国有企业的资本运营模式可以分为"三级"模式、"二级"模式、苏联模式和东欧国家转型时期的转型模式四种体系。在这些制度下，各国都采取了相应的措施和方法进行资本运作，如意大利加强了政府对国有企业的管理和控制。然而，各国在资本运作中或多或少都存在相应的问题。例如，美国的国有企业由于公私混合经营和不同的控制结构，在很大程度上模糊了国有企业的边界。著名经济学家罗纳德·科斯（Ronald Coase，2009）首先在《企业的本质》一书中提出了交易成本理论。根据这一理论，企业可以通过并购重组等多种资本经营管理模式，将市场由外部化向内部化转变，从而消除市场动荡带来的风险，降低交易成本。学者 Michael C. J. Ensen（2013）认为自由现金流应该完全交付给对企业有控制权的管理者，这样会降低政府的权力。结合市场经济的管理方法和预防措施，做出相应的安排和总结，为如何使国有企业资本运营的过程中合理有效地避免风险，如何进行长期的生存和发展提供了建议，使国有企业在市场经济的环境中不被淘汰，稳步发展。

中华人民共和国成立后，国有企业在国民经济中逐渐占据主导地位。国有企业的收入已成为我国财政收入的主要渠道，国有企业在国民经济中的地位是不可替代的。它是国家进行产业发展和技术更新的骨干力量，是控制国民经济稳定发展和国家安全的保障。非国有企业不能涉足某些特殊行业，因此，国有企业的重要性不言而喻。在特殊产业的发展中，他们取代了非国有企业。虽然国有企业的数量没有非国有企业多，但是国有企业在民族工业中起着举足轻重的作用。它可以促进我国经济的可持续发展，是我国经济的支柱。国有企业在我国经济的核心领域中发挥着不可替代的主导作用，影响我国国民经济的整体发展。因此，无论政策如何改革，国有企业必须在国民经济中牢牢占据主导地位，是非国有企业不可替代的。

国有企业在形成和发展的过程中，企业的独特特征和我国国有企业的发展历史，形成了不同的形式。如果企业发展没有自己独特的经营理念和经营方式，则很难长期稳定发展。

一　国有企业特征

（一）特殊产权制度

我国国有企业的产权制度是不断提高企业和国家之间的关系。国有企业改革近30年来，我国进行了持续集成和创新的产业结构，优化国有企业管理结构的发展，消除劣势企业。国有企业在时间和空间上形成多元化的发展，相互作用形成良好的管理体系，使企业管理更加方便，从而减少企业经营困难，并通过企业改革形成资本经营的创新方式。随着产权制度的不断改革和发展，逐步形成了一系列的管理、监督和运行体制框架。

（二）超越纯粹的商业利润目标

国家企业不仅从事资本运作，以商业利益为主要目标，但也带头以身作则，承担社会责任。其创造的利润不仅仅是为国有企业自身，也对社会经济产生重大的影响，可以促使非国有企业获得良好的经济效益。所以国有企业在获取商业利益的同时，更增加了其在经济市场上的整体价值。虽然国有企业以商业利益为目标，但也会产生一定程度的市场竞争力下降，影响其商业利益。

（三）强大的融资渠道

国有企业拥有强大的融资渠道，包括金融配置、国有银行贷款、国家在国际金融市场的投资、债券发行、贷款接收等，可以为企业带来更多的流动资金和国有企业的经营实力。强大的融资渠道有利于国有企业的发展。

（四）较高的声誉

国有企业在商业信誉方面有很高的信誉，国有企业和私营企业相比具备坚实的发展基础和相对稳定的市场经济发展环境。但是由于这个原因，国有企业可能缺失资本运营风险意识，以及竞争企业的挑战和压力。

二 国有企业的优势和劣势

国有企业是中国特色社会主义市场经济的企业象征。我国国有企业不仅以利润为主要目标，而且形成了我国民族优势和政策优势的经营指导意见和战略，具体体现在以下几个方面。

（一）国有优势

在我国，由政府和国家经营的国有企业是国有企业经营的基础，因此，企业相对稳定。在国家和政府的支持下，国有企业可以形成强大的市场竞争力。这是国有企业比较突出的优势。

（二）社会优势

与其他企业相比，国有企业更具社会性。国有企业在经营管理中也要促进国民经济全面向上发展。与非国有企业相比，国有企业负担更重。但是，国有企业在社会中处于主导地位，具有引导作用，具有社会优势。

（三）政治优势

中国的国有企业是由中国共产党领导的。这可以减少企业在经营管理过程中的错误倾向，使国有企业拥有更多的政治优势。有了共产党的指导和引导，他们才能有明确的发展方向。

（四）组织的优势

中国国有企业与职工是相互依存、不可分割的。这样，无论是高层管理人员还是基层员工都会团结起来面对各种管理和发展问题，解决不确定因素。

（五）缺乏竞争和创新

我国国有企业在国家和政府的支持下，在不断地稳定发展。这使得我国国有企业发展的业务有稳定的经济基础和政治基础，但正是因为有政府的支持和稳定的环境导致企业失去了内部积极性和创新动力，无法为企业发展注入新的活力。

（六）不完善的资本市场

我国资本市场发展相对较晚，资本市场基础相对薄弱，资本市场没有充分优化资源配置。资本经济市场体系不完善，各种融资工具不均衡。

（七）相关法律和政策不完善

由于我国国有企业的资本管理和相关法律法规不合理，资本管理不能满足国有企业的需要。法律法规的不完善使得企业的经营管理过于模糊，对理论知识的理解大于实际工作，阻碍了企业内部合理有序的经营管理。使企业资本无法在国内或全球范围内顺利流通。

三　国有企业资本运营分析

（一）国有企业资本经营的优势

1. 扩大企业规模和市场份额

国有企业资本运营是通过科学的管理方法和操作策略和其他企业进行兼并重组，并投入更多的人力和物质资源与金钱，雇用专业人才，推动企业的升级。这样我们就能保持稳定的国有企业经营规模的扩张，加强国有企业在市场经济中的比重，提高国有企业在经济市场中的竞争能力。

2. 提高企业进入经济市场的储蓄率

企业进入市场经济的过程中会遇到的障碍和问题。第一，在一个新的领域开发和创造的过程中需要有充足的资金支持。如果没有强大的经济来源支持企业技术更新，可能导致企业严重亏损。第二，由于市场经济的多样性，各种替代商品公司层出不穷，因此，企业必须加快升级步伐，避免落后的风险。然而，由于政府的支持，中国国有企业拥有强大的资本基础。在此基础上，企业不必完全打乱以往投资方式的重组。这将导致产品过剩，给企业带来资本损失。

3. 改变固有的经营理念与时俱进

在资本运作中，企业应了解产权之间的关系。国有企业特有的产权制度促进了资本经营的发展。国有企业要建立科学的管理方法，科学地实现利润增长。改变固有的经营理念，与时俱进，建立现代企业制度。

（二）国有企业资本经营的劣势

1. 中国资本经济市场不健全

与国外资本市场相比，我国资本市场起步较晚，资本管理体制不够成熟。市场规模相对较小，资本经营不能在经济市场中得到良好的发展。此外，政府过度干预企业的资本运营，而资本经济市场又缺乏宏观调控。一是我国资本经济市场竞争体制不完善，奖惩机制不够明确，使资源难以形成有效配置。二是政府过分干预企业的资本运营。中国的国有企业和经济市场受到严格的管理。我国资本经济市场竞争体制不完善，奖惩机制不明确，资源配置不合理。三是中国证券市场缺乏多种金融衍生品，结构单一。四是价格市场机制不成熟，供求关系不能得到真实反映，不能很好地配置资源。

2. 国有企业对资产管理重视不够

国有资产管理公司的资本管理没有做好监督，监督机制对于企业资本管理是非常重要的，但国有企业在这方面的意识不强，需要进一步建立和完善监督体系，对管理部门进行专业的监督，对于在企业经营的过程中出现的问题不能及时发现和解决。企业资本与产权之间的关系不明确，缺乏必要的资产处理程序也是国有资产的问题，这将导致企业资本的流失。在企业改革的过程中，资产的不明晰也会导致资本的流失。在资产处理方面，一些企业利用改革的契机，擅自转移国有资产，转入经营性企业。一些企业随意与买卖双方达成不合理、不合法的规定，以低价拍卖企业资产，造成国有资产流失。

3. 未采取适当措施应对资本经营风险

资本管理具有可变性、破坏性、客观性和预防性等特点。可变性是指风险在不同的情况下的变现形式是不同的，并且随时都在变化。在空间范围和每个过程中，风险发生的概率是不同的，在时间范围内，风险是否能在每个时期发生以及发生的程度也是不同的。破坏性意味着风险会对资本运营产生严重影响。资本经营是一个庞大的经营体系，无论是政府还是企业都应该进行合理的宏观调控。如果存在经营风险，将给国有企业造成巨大损失，造成市场经济动荡。如果能够合理地预测和预防风险，就可以将风险降到最低。在资本运作的过程中，风险是不可避免的，合理的解决方案的使用会使企业转危为安。但是，如果对风险的来临不采取措施，就会给企业带来经济损失，甚至可能导致企业破产。如何加强风险防范，提高企业的生产能力和经济效益，是国有企业不可忽视的。

4. 中介组织不规范

企业资本运营的主要活动是从事证券、金融、会计、税法等，而不是依靠表面分析就可以运行好，需要收集必要的信息和专业、深入分析和理解。中介机构在企业资本运营中占据着举足轻重的地位，可以帮助企业更好地运作。但由于我国中介组织发展时间较短，中介组织水平的质量好坏兼而有之，又缺乏数量，所以没有规范的中介是我国资本运营存在风险的原因。因此，如何提高中介人员的整体素质水平，加快中介机构发展也是一个严重的问题。

5. 政府过分干预企业的资本运营

企业在资本运营中占据着主导地位，企业应根据自身的条件和需要选择何种资本运营模式。政府应该采取积极包容的态度，为企业的资本运营提供强有力的支持，但不能代表政府过多干涉资本和经营活动的企业。现有的系统中，政府干预企业太多，例如合并和并购以及结构调整和重组，都是从它们自己的利益考虑，而不是为了企业的效率。这种操作的方式是错误的。并购企业应该在相同的基本水平，加快自身发展，而不是随便组合企业，那样不能提高企业的发展水平与效率。企业没有良好的发展也不能形成一个双赢的局面。

6. 企业管理团队的素质存在问题

在资本运营中，运营团队的素质也影响资本运营的质量。我国资本运营团队素质参差不齐，高学历、高技能人才比例小。整体工资的提高并不意味着企业可以使人才更有积极性。中国企业无法建立相应的留住人才的机制，与高水平的发展相比，缺乏科学的管理模式来管理企业。

四 国有企业资本经营的管理方法和防范措施

(一) 国有企业的资本经营管理

虽然我国国有企业在政府的支持下拥有更多的优势，但由于企业制度和市场经济的不确定性，国有企业在资本运营中仍然面临许多问题。本文认为应该采取以下对策。

1. 正确理解资本管理的内涵，树立资本管理的概念，促进资本管理的规范化发展

企业用资本经营来发展，要有坚实的基础。基础就是生产经营。如果企业在生产经营中有好多的规划和实践，那么企业就会有一个稳定的发展基础。资本管理是为企业服务的，它应用于企业的生产经营中，通过一系列的管理手段来实现企业利益的最大化。资本经营与生产经营相辅相成，两者都是用来提高企业的价值，提升企业的核心能力，两者缺一不可，不能造成任何一方的不平衡。

2. 加强内部管理和控制

国有企业应加强内部管理和控制，密切关注资本运营，才能敏锐地发现资本运营的相关信息，并进行收集和整理。资本运作不完全开放，应加强信息保密政策，设置合理的信息使用权。针对企业内部环境造成的问题，建立科学的人力资源管理体系。由于企业管理人员素质参差不齐，收入分配不合理，影响了企业员工的创造力和积极性，导致企业经营出现危机。

3. 培养资本运营人才

企业的管理应加强人力资源的管理，这是资本运作的第一目的。擅长资本运作管理的人才不仅要做好本职工作，更要承担更多的角色，即资本运营的"艺术家"，调整存量资本和扩张增量资

本的策略师。企业的资本管理人才不仅要有很高的技术水平，在如何进行资本管理公司方面也要有实践经验，以便他们能够面对危机或危机中的企业，并使用他们熟练的操作帮助企业解决困难问题。

（二）国有企业境外资本经营管理

1. 优化企业外部环境，建立良好的制度和机制，使资本运作顺利进行

随着国际市场经济的深入发展，企业作为市场的主体，其面临更加复杂的市场环境以及越发激烈的市场竞争。在此种形势下，企业为有效解决资金问题，促进资产快速增值，实现利润最大化的目标，就应当从创新资本运作管理、优化自身资本结构、加大员工培养力度、建立起完善的市场信托体制等方面出发，充分搞好资金运作工作，最终实现企业与市场的共同繁荣与发展。

2. 转变政府职能，降低直接干预资本运营的风险

在今天的市场经济环境下，防止垄断是政府当前的主要功能。完成相应的打破部门之间、地区之间和行业管理操作的主要目标，我们就可以减少企业部门和地方政府的干预，按照市场运行的顺序进行资本运作。

3. 减少不利的一面

为了改善当前不同行业、不同地区之间的资本流动状况，需要调整财税政策、信贷政策等不利因素，加快资本流动速度，消除制度障碍。在信贷政策方面，应根据产业战略，将当前的贷款分块配置转变为国家分块配置。在金融体系中，行政隶属的税收政策是按比例分担，调整投资方向，转变为中央税收。

4. 加快金融体制改革步伐

要加快金融体制改革，必须制定详细的计划和步骤。现有的银行系统都是一个整体。资本经营应改变这种不合理的局面，重新规划银行体系，使商业银行服务于地方经济和国有企业，按经济

分工成为股份制银行。要从城市层面改革现有的银行合作体系，合理配置企业资本，逐步加强对外资银行的科学管理，实行国民待遇，放宽银行直接参与企业资本经营管理的政策。要加快金融体制改革，在市场经济的基础上，国有企业的整体改革要与金融体制的整体改革更好地配合，使资本资源在国民经济中得到充分利用。

第五章　完善国有企业金融体系

一　金融体系的概念和特征

（一）金融体系的概念

财务系统是指传统的手工会计，运用计算机技术和数据处理软件进行日常会计工作。金融系统的概念是在长春市的一次专题讨论中首次正式提出的。"电子计算机技术"是指通信技术、计算机应用和计算机网络。目前，财务系统有一个非常流行的名称"会计信息系统"，简单的一点就是用会计软件代替传统的手工会计。

金融系统是会计学的一个新兴分支，经过多年的发展已经成为一门综合性学科。一个学科有其存在的必然价值，我们不仅要对其有一定的认识，而且要掌握其发展的基石，才能构成宏伟的学科建设。但任何一门学科，都必须吸收它的基本方法和理论，直到完全消化，才能深刻地理解和熟练地运用它。

（二）金融体系特点

从国有企业和公共机构在中国东北整体功能的角度，由于金融系统和许多部门的会计过程相互制约和相互协调，系统是一个整体，每个部门在系统中需要不断融合和适应，才能完成整个金融系统的会计系统。因此，财务制度会计的发生是必然的，具有以下特点。

1. 及时性和准确性

与传统的纸质会计数据存储相比，电子计算机存储具有很大的优势，其中突出的优势是电子计算机的硬盘存储足够大，可以存储大量的会计数据。另一个优点是，电子计算机往往比纸质会计数据保存的时间长得多。此外，电子计算机能够准确、快速、自主地处理这些电子数据，打破了单纯手工操作的限制，为会计工作提供了更加及时、准确的信息。

2. 会计处理的集中与自动化

在东北地区国有企业的日常财务系统工作中，只有一小部分数据是手工输入的，其余的数据输入都是使用电子计算机完成的，尤其是在会计信息处理方面。会计处理往往是集中的，一般没有人工干预，会计处理自动化程度很高。此外，由于存储在电子计算机中的数据可以共享，减少了工作量，提高了效率。

3. 数据处理过程简化

东北地区国有企业在手工操作中，经常通过审核原始凭证，编制会计凭证、会计账簿，核算成本，定期结账，编制会计报表等步骤来实现所有数据的处理过程。利用电子计算机来完成上述会计业务，手工处理顺序大致相同，但一个特别重要的区别是用电子计算机来防止会计信息重复处理这个过程而导致人工操作的内部约束，从而使对方检查功能失去了意义。但这也引发了其他一些问题，例如计算机简化了会计交易的处理，导致在手工操作中失去了有效的内部控制和相互制约。因此，需要在计算机的前提下对一些会计数据进行处理，这样有必要加强对这一系列加工时间的控制，以防止重复操作和控制情况。在必要时可以增加一些有效的方法来保证财务系统运行中会计数据处理的准确性。

4. 电子科学数据存储

会计记录是生产经营记录和保存历史数据，由于传统手工会计记录的诸多不便，所以国有会计记录、电子会计记录的数据存储代替了传统纸质会计记录的存储,并利用电子计算机硬盘进行存储,以便保存数据、备份数据等,使用起来更加高效和方便。会计档案的存储更加电子化、科学化。

5. 内部控制网络

电子计算机制作账簿取代了传统手工制作账簿,这就要求国有企业系统的人员更加专业,具有更高的专业知识素质,以满足现代电子计算机制作账簿的要求。内部控制的重点,从传统的财务会计部门转向计算机数据处理部门,将传统的手工组织机构转变为会计数据管理部门、处理部门和系统维护部门,从而实现更加人性化、网络化的内部控制。

6. 数据标准化

目前,国有企业使用计算机处理会计信息,需要从原始凭证中获取所需的会计资料。根据计算机对数据处理过程的要求,所获得的会计数据需要符合标准化。整个数据处理过程中几乎没有人为的干预,因为建立了完善的数据管理系统,会计凭证编制了相应的科目代码,采用统一格式。此外,财务软件的使用要符合财政部的相关要求和规定,这就要求使用财务系统填写会计凭证、数据录入、填写会计账簿、数据输出以及编制财务报告等更加规范化。

二 中国金融体系的发展历程与发展现状

(一) 中国金融体系的发展历程

1. 实验研究阶段(1983 年以前)

自 1980 年开始,在国家政策的支持下,国内开始生产电子计算机。由于国内机器的整体水平不能满足工作的要求,因此,我国大量引进和投入了发达国家先进的电子计算机,解决了我国电子计算机的不足。后来,随着我国计算机生产水平的不断提高,整个国内计算机市场的价格下降，促进了我国国有企业的发展。但在当时，人们普遍认为电子计算机是神秘而新奇的东西，普通人无法触摸到，这就要求受过高等教育的人改变这种意识。这对财务和会计人员来说尤其如此。电子计算机在财务会计领域的应用并没有使各级领导感到自己的重要性，也没有达到他们所重视的程度。技术人员也认为"会计"是一项支付账单的简单工作。那个时代的电子计算机主要用于高科技领域。现阶段，各级金融专业人才、设备和领导的缺乏，是国有企业发展缓慢的重要原因。实验科研阶段一般概括为无钱、无设备、无人才的初步探索阶段。

2. 独立研究及发展阶段（1983—1987 年）

经过初步探索的实验研究阶段，东北地区许多国有企业和单位取得了良好的效果。在政府领导下学习使用计算机的人数达到了前所未有的高度。促进计算机在国有企业各行各业工作中的使用，为金融体系的发展提供了基础。这一阶段的特点主要有以下几点。（1）东北许多国有企业在没有相关调查研究的情况下，开发了大量的会计软件，部分单位在制订好计划之前购买了大量的电子计算机，对财务系统的实现没有明确的想法。（2）企业之间的知识交流严重不足，往往是闭门造车，企业之间的学术交流也不多。（3）自主开发的会计软件研究水平不高，不能满足工作要求。（4）国有企业没有先进的管理制度。（5）启动国有企业复合型人才培养。国有企业开始受到重视。总的来说，现阶段国有企业的发展是比较好的，但是这个阶段也有很多问题。例如，当计算机处理会计信息时，系统软件经常出现故障，或者是操作人员的失误，导致信息进入网络的速度较慢。因此，东北地区的一些国有企业或单位无法取得理想的效果，不得不回归手工操作。然而，东北地区的一些国有企业或单位可能会长期失账，给会计人员带来很大的负担。与前一阶段相比，这一阶段取得了很大的进步，在金融软件方面也有很多优势，因为它不再盲目使用别人开发的金融软件，而是使用更多更适合东北国有企业或单位使用的金融软件。

同时，也极大地促进了我国国有企业的发展。

3. 国有企业软件商业化阶段（1987—1990 年）

经过实验研究和自主研发阶段，我国国有企业发展已经有了一定的基础。改革开放以来，我国经济发展迅速，经济市场不断扩大，国民经济总量不断增加。根据经济学的知识，哪里有需求，哪里就会有供应。随着东北地区许多国有企业或单位对金融软件的需求，大量的软件服务公司应运而生。先锋公司率先通过财政部审核，金蝶、用友、新道等软件公司相继上市。用友几十年来一直是这一系列软件公司中的领跑者。由于用友开发的软件比其他公司开发的软件更实用、更可靠，所以技术总是最新的。现阶段，财政部及相关单位加强了对国有企业的管理，制定了相应的发展规划、软件开发和管理体系标准。与此同时，与前两个阶段相比，这一阶段的国有企业有很大的不同。在这个阶段，人们可以在市场上买到更多合适的软件，所以借贷率大大降低。虽然这个阶段有很多优点，但也有缺点。软件商业化会存在很多假冒伪劣商品，因为没有监管，造成很多软件质量不高，也有软件公司没有做好售后服务。总的来说，国有企业就是在这一阶段发展起来的。

4. 管理会计软件开发阶段（1990 年至今）

经过前三个阶段的发展，我国国有企业实现了全面发展，国有企业的发展也趋于成熟。近年来，随着市场经济的发展，东北地区许多国有企业和单位对财务软件的要求越来越高，但财务软件只能处理单一的业务。管理会计软件的开发解决了这些问题。经过多年的发展，中国的金融体系在许多方面都取得了良好的成效。国有企业不仅是东北地区国有企业信息化的基础，而且推动着东北地区国有企业管理信息化的进程。虽然我国国有企业的发展取得了很好的成绩，但仍存在许多不足。一是现阶段经济市场十分混乱，没有规范的软件市场；二是金融系统软件没有统一的标准；三是没有相对专业的会计从业人员，会计软件的应用往往不能取得令人满意的效果。

(二) 中国金融体系发展现状

1982 年,中国金融体系在进入自主研发阶段之前,基本经历了实验研究和科学研究两个阶段。随着我国市场经济的快速发展,随之进入了国有企业软件商业化的阶段。经过几个阶段的开发,进入了管理会计软件开发的现阶段。虽然完成这些阶段需要二十多年的时间,但仍然相对较快。因为,与西方发达国家相比,中国起步相对较晚。由于起步较晚,所以我国目前的国有企业与西方发达国家相比存在较大差距。随着现代科学技术的飞速发展,国有企业会计软件的会计功能发生了翻天覆地的变化,已经进入人工智能管理系统的阶段,并以令人难以置信的速度发展至今。财政部授权的软件有几十种,其中数百种是地方政府批准使用的。现在很多会计软件已经步入了标准化的轨道。

改革开放四十多年来,中国经济发生了翻天覆地的变化。在经济发展的带动下,东北地区国有企业对金融体系的运用更加全面和成熟。虽然目前会计专业的素质已经有了很大的提高,但是仍然有很多人对金融体系没有一个全面的了解。虽然现在的会计软件更加规范和安全,但仍然存在很多问题。面对这些问题,有些是我们无法避免的,但仍然有很多问题等着我们去解决。

三 中国金融体系发展中存在的问题

(一) 对金融体系认识不足

我国金融体系发展较晚,因此国有企业在当今国际上无法取得相当好的排名。由于起步较晚,东北地区一些国有企业的会计从业人员往往没有意识到软件的重要性,往往囿于传统的手工观念。虽然财务系统的核算过程与手工核算基本相同,但仍存在差异。

财务系统首先通过初始化，然后才能处理正常的日常会计业务和编制会计报表。然而，传统的手工记账首先是编制凭证，然后是会计账本登记，最后是会计报表的编制。因此，处理会计业务的过程是不一样的，对于国有企业来说，利用软件比传统的手工会计更容易和方便。许多人并不看好金融体系。他们认为使用金融体系不会有太大的改变，只是提高了生产力。从根本上说，我们没有认识到会计信息系统对于加快东北地区国有企业发展的重要性。因此，东北地区许多国有企业在处理会计业务时不能及时提供信息，不能有效地为其服务。这个世界没有完全相同的面貌，也没有完全相同的两片叶子，所以东北地区国有企业的管理和经营模式也不同。然而，东北地区许多国有企业在使用会计信息系统时没有进行适合自己的调整和设置，未能达到最佳效果。因此，没有对财务系统会计的深入了解，就不会理解它对工作过程的重要性和影响。

（二）会计软件存在的问题

目前，我国会计软件市场十分混乱。会计软件经常存在很多问题：一是东北地区许多国有企业没有按照统一的标准购买会计软件，经常根据自己的意愿选择，导致整个东北地区国有企业使用的会计软件不统一，因而出现了一系列的问题。二是我国会计软件的功能模块包括基本功能等模块。这些模块主要用于会计业务，往往缺乏对会计业务的分析和控制。因此，我国会计软件管理功能是缺失的。三是随着我国会计软件的商业化，会计软件市场得到了前所未有的发展。随着各种会计软件的出现，东北地区国有企业购买的财务会计软件往往无法与原有的会计软件相连接。就像一个人只能穿 40 码的鞋，而不能穿 38 码或 42 码的鞋。因此，会计软件界面不兼容，致命东北地区国有企业管理信息系统无法统一。四是虽然我国会计软件经过几十年的发展已趋于成熟，但从业人员的技能和素质往往跟不上。许多软件开发人员不了解财务管理业务，因此，开发的软件模块和程序不能处理专业的金融业务，导致软件故障频繁，严重影响东北地区国有企业金融体系的发展，进而不能促进国有企业的发展。

（三）金融系统数据安全存在问题

目前，东北地区许多国有企业的财务部门往往要处理一些复杂的、计算量大的数据，但数据安全往往不达标，导致数据的损坏和丢失。进入一些工作网站时，软件数据库往往会留下安全隐患和漏洞。与此同时，东北地区许多由国有企业管理的会计信息系统没有连接互联网，大量数据无法实时传输和共享。

（四）会计档案保管存在缺陷

如今，东北地区的国有企业都安装了计算机。尽管东北地区的国有企业都在计算机上打印了会计数据备份，但会计数据的保存一直是一个问题。经过一段时间的会计数据保存后，笔迹也会变得模糊不清此类问题是经常发生的。这种方法对于会计信息的存储不理想，会计档案备份不好，经常发现会计信息档案不完整。另外，有些人认为使用 U 盘备份材料很好，但是 U 盘容易丢失，数据销毁不容易恢复，也存在缺陷。

四　我国金融体系存在问题的解决对策

（一）提高对金融体系的认识

我们应该让更多的人知道金融体系是什么，能做什么。同时要加大对金融体系知识的宣传和推广力度。让大家对财务系统有一定的了解，更好地促进财务系统的发展，从而促进人工智能与现代的会计工作更好地结合。所以按照东北地区国有企业的要求，让从业人员对金融体系有所了解，领导者应该带头改变传统的工作观念和态度。我们不仅要关注计算机,还要关注金融系统的工作人员。我们不能简单地认为电算化改变了会计方法和工具,因为大数据是一门新的学科,会促进会计学科本身的变化。这样的改变可以简化会计从业人员的工作,节省大量的精力去做更多的会计工作。从而大大提高工作效率。其不仅提高了整个会计行业的工作水平,而且大大提高了社会经济的整体水平。

(二) 解决金融系统软件问题

随着我国经济的快速发展,国有软件企业很早就进入了商业化阶段。目前,我国软件市场上的会计软件种类繁多,规范软件标准显得尤为重要。一是通过财政部制定相关法规和政策,并由地方财政实施地方性法规和政策,加强对金融系统软件市场的规范管理。二是由于我国部分金融系统软件的设计缺陷,导致这些金融系统软件只能用于处理会计业务,而不能对会计业务进行有效的整合,实现决策、分析和控制。因此,应提高软件管理的功能和软件产品的质量,以满足用户的需求。三是随着我国国有企业的发展,出现了大量的金融系统软件,我们应该选择更适合我国东北地区国有企业的软件,不能只选择那些最新的软件,因为新软件常常不适合我们。四是目前我国会计软件市场上很多企业的售后服务态度较差,这将对我国国有企业的发展产生很大的影响。因此,我们应该对软件商户的售后服务态度进行监督,更加重视会计软件的质量监督。

(三) 提高金融信息系统的安全性和保密性

一是建立健全会计制度,防止会计信息系统在使用计算机的过程中受到损害,保证计算机信息系统的正常工作环境。二是建立完善的机房系统,需要专人管理机房。同时,为机房制定一系列防护措施,以防止突发事件的发生。三是建立正确使用计算机的安全防范措施,不进入不安全的网站和不使用不法分子设计的软件，经常给计算机更新杀毒软件。四是建立和完善国有企业会计数据备份制度，做到多个财务信息系统的备份，即使备份并不完全，也要相对完全地保存数据，保证数据的可恢复。五是建立和完善网络系统的系统权限，让所有操作员仅按权限操作来实现网络环境下工作的安全。

（四）做好会计档案管理工作

东北地区国有企业或机构的金融部门经常查问别人电脑的内部会计数据备份，所有重要的会计数据应备份到磁盘，而尽量不要使用硬盘备份，这样即使计算机硬件系统遭到破坏也可以恢复原系统数据，防止计算机系统数据丢失。金融体系文件可以存储在软盘、U盘或硬盘中，根据它们的特征可以被复制，所以我们的国有企业在备份文件和备份会计档案时会找许多人来管理。每个会计档案显示操作者的名字和他们所管理会计档案存储的不同位置。这样做的效果是即使计算机信息系统崩溃也能恢复，不会使整个系统瘫痪。

（五）提高会计人员素质

目前，东北地区许多国有企业的人才专业水平较低，知识结构单一。部分金融专业职员只能用电脑处理金融知识，只会使用金融软件，对财务信息处理机械化。由于对计算机其他软件的知识不太清楚，在使用国有企业的会计软件时，经常会出现一些错误。因此，提高会计人员的素质显得尤为重要。经过相关研究，我们提出了一些提高从业人员素质的意见：一是为了提高会计从业人员计算机操作的专业素质，东北地区的国有企业中应定期进行专业知识的培训。二是向他们讲解有关国有企业的知识，安排他们做会计培训。三是将部分资金用于后续的专业培训上。这些可以从根本上全面提高从业人员的综合素质。

第六章 健全国有企业的绩效评价体系

到20世纪末，我国国有经济已经得到了很好的发展。国有经济与人们的生活息息相关，其变化无疑会对人们的生活方式产生重大影响。此外，它是我国产业经济的重要组成部分，为国家和社会发展做出了贡献。但目前国有经济竞争激烈，发展空间有限，财务业绩不容乐观。因此，要寻找国有经济发展中存在的问题以及发展方向，就需要对国有经济的具体财务绩效进行评估。遗憾的是，目前没有统一的方法来评估国有企业的相关财务业绩，标准也不统一，难以规范。很多时候我们只能忽略一些分析过程，运用简单的指标，但这样会使评价不真实，导致绩效评价不准确。另外，当前信息共享的不对称影响了评价结果，导致绩效评价不能准确反映企业的发展状况。传统指标的分析没有考虑到资本。EVA结合以往的制度和方法对权益资本总额进行了分析，构建了一套较为合理的EVA与财务指标相结合的评价体系，有利于改善和纠正财务绩效评价。Abdolhamid Safaei Ghadikolae、Saber Khalili Esbouei和Jurgita Antucheviciene（2014）提出：引入基于价值的措施表达了公司的价值，对德黑兰证券交易所（TSE）汽车企业的财务绩效进行了评价。因此，层次财务绩效评价模型是基于会计计量和经济价值计量的方法。该方法采用模糊层次分析法（FAHP）确定标准权重。然后，公司采用模糊维克尔法、模糊加性比评价法（aras-f）和模糊综合比评价法同时进行排序。结果显示这三个层次的评价结果均高于模糊层次分析法得出的结果，这表明经济价值的衡量方法比采用平均等级与等级相结合的会计计量方法对企业财务绩效评价更为重要。焦立中（2017）提出的混合财富管理银行的财务绩效评价模型，在国际金融危机之后使用层次分析法（AHP）和VIKOR混合的方法，对四个方面的多准则群进行决策服务，包括性能、专业、风险控制和消费者信心。林美雄（2015）提出EVA为绝对值，对于不同规模的企业绩效分析不方便比较。郭阳、付国华（2015）提出EVA是一种准确的评价公司绩效的方法，能够准确地反映公司为股东创造的价值，促使公司管理者将股东价值最大化作为行为准则。夏锐（2015）提出EVA主要为股东服务，只强调公司财务绩效评价。将传统的绩效评价方法与EVA相结合，可以实现两者的互补优势。

一 财务绩效与EVA绩效评价的相关理论

（一）财务绩效

目前，财务业绩对"绩效"没有一个统一的定义，具有代表性的观点有：一是绩效实际上是由活动的最终绩效决定；二是"绩效"是"有效性"的效率，包括行为的全过程及其结果；三是基于以上两点，笔者强调预期收益，把握过去业绩，关注未来发展。总之，"性能"主要是指上市公司和其他行为主体得到对应于他们的投资结果。在一个有限的时间内做出正确预期的前提下，更加注重这个过程的效率。同时也考虑了过去、现在和预期的性能。财务绩效与非财务绩效之间存在本质差异。财务绩效和非财务绩效的结果相比，财务绩效更清晰，数据更容易获取。因此，它已成为一种常用的分析方法。本文所研究的财务绩效是指运用合理财务指标的相关框架体系，对经营期间的相应绩效进行评价。

（二）财务业绩评价

评价是通过一定的判断、标准和方法对客观对象进行认知的提高。它在认知的基础上形成了一套具有自身独特价值的相关措施，因而它不同于认知。因此，对财务绩效的相关评价应按照规定的分析体系和财务指标进行测试和评价，并将相应的价值衡量标准应用于公司规定的业务阶段、管理行为等活动所创造的绩效。最后，考虑性能与时间的关系，给出了系统的评价方法。目前，传统的主流财务绩效评价方法主要包括国有资本绩效评价指标体系、墙壁评价指标体系和杜邦分析法。第一个指标包括债务、盈利能力、发展和运营能力等指标。随着企业的不断发展，财务绩效的评价过程也变得越来越复杂。因此，EVA 得到了很好的认可。结合 EVA 绩效评价体系对公司价值进行系统的评价将是完善的。

（三）EVA 绩效评价

EVA 一般是指经济的增加值，具体是指经营期间的增加值，是税后净利润减去成本后的余额，属于剩余收益。事实上，这是资本的相对增长。一般来说，我们把会计意义上的收入，通过一定的步骤转化为完整的经济概念，经济增加值。这不仅可以避免会计舞弊、失真和公司偶尔造成的收入损失，而且有利于对经营业绩的判断和识别。当经济增加值为正时，收益大于投入，使股东受益；当经济增加值为负时，收益小于投入，股东也会遭受损失。EVA 制度较以往片面注重债权利益的绩效评价制度更为完善。因为它考虑了风险、时间和股本回报率等因素。经济增加值本身具有长期性，它可以帮助公司进行长期规划，并可以控制管理，激励相关人员积极创造更好的业绩，促进整体业绩的提升。此外，它使管理、哲学、动机和评价形成一个有机的整体，为公司的价值服务，最重要的是它结合了数据的使用和权益资本的减值。

二 国有企业财务绩效分析中存在的问题

在评价整体财务绩效时,我们发现国有经济财务绩效分析中普遍存在以下问题。

(一) 对创新研究的重视不足

从分析中可以看出,其盈利能力、偿债能力、经营开发能力都不尽如人意。不仅利润落后,企业利润和偿债能力也令人担忧,经营发展能力和潜力发展空间也比较薄弱。基于 EVA 的评价分析表明了这一结论。众所周知,在当今市场环境下,资金周转对企业的重要性不言而喻。然而,由于一些企业盈利能力和运营能力的疲软,导致企业在未来必须将提高产品周转效率,以及及时将存货清盘成现金流作为重点要解决的问题。

(二) 财务信息质量有待提高

财务信息与企业的管理体系密切相关,格力电器对财务信息的重视程度还不够。非标准化所造成的错误在最后的结论中必然存在谬误,为了纠正它,势必要从头再来,苦干一番。从长远来看,临时欺诈的好处肯定会超过好处。政府在这方面的宣传不足以形成良好的实事求是的社会氛围,不诚实的风气并未从根本上得到遏制。

(三) 财务绩效分析跟不上时代的要求

在对数据指标的各个方面进行分析时,传统的方法只能从表象上进行研究,无法获得其深层的内涵。EVA 方法解决了这一问题,能够有效地分析内部因素,并在某些方面进行反映和阐述。指数分析与 EVA 最大的区别在于,当公司剩余股东财富增加时,公司能否有效地看到股东权益是否受到侵害。将两种方法相结合,就弥补了单项分析应用中存在评价片面、考虑不全面的缺点。

三 完善国有经济财务绩效评价的建议与对策

上述分析都具有一定的主观性，缺乏对财务绩效评价的结论。对这些问题的具体分析是基于各行业在应对当前市场环境时借鉴和有效的方法。与整个市场环境相比，个别行业有很多共同之处，但也有自己独特的方面。因此，采用单独的国有经济评价和分析方法，得出的结论将更加符合实际，更加准确。

（一）注重创新研究

现阶段，我国广泛采用的财务绩效评价方法都存在固有的不足。在处理具体情况分析时，要想把每一件事都想得周到细致，是超出我们的能力范围的。目前的评估和评价方法难以准确判断问题产生的原因。因此，为了适应新时代的需要，在适合当前市场环境的财务绩效考核方法中，我们应该不遗余力地进行研发，加大创新力度。对于这种新的评价和分析方法，它们会利用自己的特点来处理不同行业的特殊性所造成的偏差。虽然目前整体市场环境的方式有很好的契合性，但宽松的条件难免会导致在具体分析上出现偏差的情况。解决这一问题的有效途径是分析不同行业内部的特殊性和整体市场环境的差异。这种方法应贴近行业的特点，突出矛盾的焦点，突出细微之处，不能用整体的方法来处理当前局部的问题。为了对每一个行业都进行有针对性的优化和创新，在绩效分析中，必须做到面面俱到。这样，当前的财务绩效评价改革可以使其更加高效，更好地为企业和市场服务，还是从实用易推广开始，在现有标准的基础上，不断扩大和扩展。以指数分析为例，这种方法的范围仅仅是表面上的数据，其内在和深层的本质因素以及相互矛盾的关系无法阐述。以此为出发点，我们可以改变分析方法，深入挖掘数据，分析和解释数据。在判断其表面之后，我们将挖掘其深层内容。在经济增加值方面，需要对不同企业集团进行合理有效的横向比较。在调整方面，我们努力使其适合其他经济实体，从而增加现有的经济附加值，便于从更广泛和宏观的角度进行判断。然而，由于实际情况的复杂性，人为的情况对财务状况影响很大，最终的结论必然是错误的，因而有必要创建一个方法来改善这种情况。

（二）提高财务信息质量

财务质量能否得到有效的提高，决定了目前评估分析方法的探索能否得到有效的推进。

1. 财务信息

财务信息与企业的管理系统密切相关。改进和创新现有的管理体系，可以使其质量有很大的提高。由于我国市场经济的实施时间较短，与欧美相比，在许多方面的标准化程度存在较大的差距。准确和清楚的数据对分析和评价财务业绩至关重要。非标准化造成的误差，在最后的结论中肯定是错误的。为了纠正这些错误，不可避免地要重新开始，并为此付出努力。为了避免由此造成的损失，行业在记录财务数据时，标准要求必须严格准确。避免数据偏差造成错误的最好方法是有效防止公司为了自身利益而干预正常的财务数据。公司财务在这方面应该有明确的认识，暂时获得的不当收入利息，从长远来看是不值得损失的。随着绩效考核分析标准的提高，虚假数据最终会消失。为了获得长期效益，实现稳定健康的发展，公司应该从提高自身绩效开始。锻铁也需要自身的坚硬和令人满意的性能，评价自然也需要更加准确和清晰的财物数据。

2. 政府监督

在这方面，政府应该鼓励企业公布真实、准确的财务数据。提高财务绩效分析的质量和可信度。同时，对违法篡改企业财务会计资料的行为，要按规定办事，坚决打击。这可以有效地防止企业为了利润而修改数据。如果从源头上严格控制，评价结论和判断就不会受到这方面的误导。这将对整体发展规划产生正面影响。这样，就有效地杜绝了财务绩效评价分析中的错误和遗漏。

（三）财务绩效评价要跟上时代的步伐

国有经济在市场中不是一成不变的，而是始终在发展壮大。因此，相关的绩效评价方法也应遵循其发展而不断改进和创新。

现阶段在财务分析的评价中，往往把财务要素和非财务要素分开。然而随着社会的进步，两者之间的关系必然会越来越密切，仅从金融角度对整个市场进行评估和完善是不够的，非金融因素对国有经济的影响不容忽视。因此，在财务绩效评价中，要有一个比较完整可靠的结果，就有必要考虑非财务因素。资金周转是一个公司的生命线，它是否高效、稳健，可以反映出许多公司内部存在的问题。现金流量在其中所占的比例很大，但现在在财务绩效评价中往往没有得到充分的考虑。完善财务会计评价体系，必然要将其纳入评价范围。今天绩效评价的重点是过去环境生成的非动态数据和信息。基于此的推断对未来的发展几乎没有影响。因此，在财务绩效分析中，有必要回顾过去，对行业未来的发展做出合理的预测，以避免对行业未来产生负面影响。否则，也是对行业人才资本和无形资产的巨大浪费。随着行业的发展，能否筛选出如此重要的财富并有效地运用到绩效考核中，是当前制度需要考虑的问题。财务评价体系应研究这些新型财富，并提出可靠的分析方法，使现有体系不断完善和健全。

第四部分

财税制度探索

第一章　基于多元分析的财务报告分析模式研究

2014年《企业产品成本核算制度》建立，标志着我国正在进行管理会计的深入建设。财务会计的会计核算工作需要融入企业管理中才能焕发出二次生命，实现高端的财务服务。管理会计的发展顺应了时代发展的要求，符合当今企业治理需求。

财务报告的分析是为财务提供决策咨询服务不可或缺的一部分，它是投资人或其他企业利益相关者做决策的重要依据。如何更好地进行财务报告分析是每一个会计人值得深思熟虑的事情。正确地利用财务报告指标解读企业价值是十分必要且具有现实意义的事情。

一　传统财务报告分析的弊端

传统财务报告分析按照企业的偿债能力、周转能力和盈利能力构造许多指标，根据这些指标的数值进行分析，有横向分析也有纵向分析，根据数值的前后期对比，或与同行业水平对比，找到差异，分析不足，提出改善建议。

但这种分析方法，缺乏深度数据处理，仅仅简单对比数据之间的大小，不能从全貌上科学合理地解释数据的差异，对多个指标的数据不能系统地论证企业综合实力。

二　对传统财务报告分析方法的改进

可以通过对反映企业的营运能力、偿债能力、盈利能力等指标进行多元分析，运用统计数理知识构建评价体系，使财务报告的分析根据有科学性。相较于单看某个指标的大小，我们提出将不同指标进行多元比较，找到每个指标的贡献度大小，以及这些指标在多大程度上影响企业的价值。使企业的管理更加具有目的性，提高企业的综合管理能力。

从反映企业营运能力、偿债能力、盈利能力的众多指标中，选取最有代表性的指标作为评价依据，因为过多指标解读某一方面问题，会出现共线性问题，会过度解释企业的某一方面的实力。例如传统偿债能力指标体系中含有资产负债率、流动比率等指标，对于从微观角度解释企业偿债情况非常有用，但如果利用多元统计分析，综合起来评价企业总体的偿债能力就会出现重复解释问题，会增加企业偿债能力权重。

本文采用衡量每种能力的最具代表性指标作为数据处理依据。衡量偿债能力的指标选取股东权益率（正指标）；衡量营运能力的指标选取总资产周转率（正指标）；衡量盈利能力指标选取销售净利率（正指标）。

企业投资者最为关心的是企业经济效益。为消除企业规模以及股票数量对股票价格的影响，用股票市净率反映企业经济效益。本文采用2016年3月15日的市净率作为企业价值的计算依据。利用2015年上市公司相关财务数据计算三个指标。在完全市场竞争下，市净率应能反映企业的综合发展能力。限于篇幅，本文采用同一行业11家A股企业作为样本分析。

三 模型构建

本文采用聚类分析方法对上市公司，按照前面所述企业营运能力、偿债能力、盈利能力指标进行归类，区分出不同类别的企业的经济效益，如果不同类别的企业经济效益没有显著区分，表明财务指标与企业经济效益不存在紧密联系，如果区分明显则可进一步根据股票市净率表现分组后进行判别分析，形成 Z 积分判别方程。这样对于任意一个被考察企业，包括未上市企业，我们都可以根据相应指标来判断该企业效益情况。

（一）设置相关财务指标

设 X_1 = 总资产周转率；X_2 = 股东权益率；X_3 = 销售净利率。

为了把经济效益相似的企业归为一类，就需要找到度量相似度的方式，我们采用欧式距离来对样本进行距离测量。

用 x_{ij} 表示第 i 个样本第 j 个指标，用 d_{ij} 表示第 i 个样品与第 j 个样品的距离，

为了统一量纲，我们对数据进行标准化处理。

令 $\overline{X_j}$，S_j 分别表示第 j 个指标的样本均值和样本标准差，则

$$\overline{X_j} = \frac{1}{n}\sum_{i=1}^{n} x_{ij}$$

$$S_j = \left[\frac{1}{n-1}\sum_{i=1}^{n}(x_{ij} - \overline{X_j})^2\right]^{\frac{1}{2}}$$

则标准化后的数据为

$$X'_{ij} = \frac{x_{ij} - \overline{X_j}}{S_j}$$

那么

$$d_{ij} = \left[\sum_{k=1}^{10}(x'_{ik} - x'_{jk})^2\right]^{\frac{1}{2}}$$

在度量了样本距离后,我们还需要采用一定的方法进行归类,要度量类与类的距离,本文采用类平均法,这主要考虑到类平均法的并类距离范围适中。设两个类分别为 G_p 和 G_q,则两个类之间的距离为 D_G,则:

$$D_G(p,q) = \frac{1}{lk}\sum_{i \in G_p}\sum_{j \in G_p}d_{ij}$$

先在 n 个样本中分别计算样本距离,最近的为一个初始类,再从 $n-1$ 个样本中继续归类,依此类推。直到划分出经济效益好和经济效益差两类企业。

(二) 建立 Z 积分判别式

第一步:指标筛选和数据处理。

先将 10 个指标标准化,可以得到标准化数据阵:

$$X = (X_1, X_2, \cdots X_{10})$$

处理后得到指标变量的协方差阵:

$$A = \text{cov}(X,X) = E(X-EX)(X-EX)'$$

$$= \begin{bmatrix} D(X_1) & \text{cov}(X_1X_2) & \cdots & \text{cov}(X_1X_{10}) \\ \text{cov}(X_2X_1) & D(X_2) & \cdots & \cdots \\ \cdots & \cdots & \cdots & \cdots \\ \text{cov}(X_{10}X_1) & \text{cov}(X_1X_2) & \cdots & D(X_{10}) \end{bmatrix}$$

标准化数据的协方差阵就是原指标的相关阵;可以根据指标间的相关系数判断指标相关程度。对于相关系数较大的指标要进行取舍,消除多重共线性问题。

第二步:建立判别函数。

将 n 个样本归为两个大类后,可以根据所分的类别建立判别函数,以便确定待检测样本归属于哪一类。

如前所述将企业分为两个总体 G_1 和 G_2 两个类别,x 是一个新的样本,定义样本 x 到总体 G_1 和 G_2 的距离 $d^2(x,G_1)$,$d^2(x,G_2)$,则判别如下:若样本 x 到总体 G_1 的距离小于到总体 G_2 的距离,则

认为样本 x 属于总体 G_1，反之则认为样本 x 属于总体 G_2；若样本 x 到总体 G_1 和 G_2 的距离相等，则有待进一步判断。具体原理如下。

设 n_1 和 n_2 分别为两类的观测样品个数。首先将 3 个指标投影，即将这两组三维的数据投影到某一个方向，使他们的投影组与组尽可能地分开。令 c 为任意实数向量。

设两个总体的观察值如下：

$$G_1 : x_1^{(1)}, \cdots, x_{n_1}^{(1)}$$
$$G_2 : x_1^{(2)}, \cdots, x_{n_2}^{(2)}$$

上述数据投影后可得：

$$G_1 : c' x_1^{(2)}, \cdots, c' x_{n_1}^{(2)}$$
$$G_2 : c' x_1^{(2)}, \cdots, c' x_{n_2}^{(2)}$$

其组间平方和为：

$$SSG = \sum_{i=1}^{2} n_i (c' \bar{x}^{(i)} - c' \bar{x})^2$$
$$= c' \left[\sum_{i=1}^{2} n_i (\bar{x}^{(i)} - \bar{x})(\bar{x}^{(i)} - \bar{x})' \right] c = c' B c$$

组内平方和为：

$$SSE = \sum_{i=1}^{2} \sum_{j=1}^{n_i} (c' x_j^{(i)} - c' \bar{x}^{(i)})^2$$
$$c' \left[\sum_{i=1}^{2} \sum_{j=1}^{n_i} (x_j^{(i)} - \bar{x}^{(i)})(x_j^{(i)} - \bar{x}^{(i)})' \right] c = c' E c$$

如果 2 组均值有显著差异，则：

$F = \dfrac{SSG/(2-1)}{SSE/(n-2)}$ 用该充分大。

求出该矩阵的最大特征值所对应的向量，这个向量可使 F 达到最大值。此时向量 $c = l_1$（l_1 为最大特征值对应的特征向量）。

我们可以得到判别方程为：

$$Z = c_1 x_1 + c_2 x_2 + \cdots + c_{10} x_{10}$$

第三步：对于样品进行归类。

将样品指标代入判别方程获得数值 Z，假设阀值为 z_c。

通过比较 Z 与 z_c 的大小可以将新样本进行归类。如果 $Z > z_c$ 则样本归属于第一类，反之归属于第二类。

四 案例分析

（一）基础数据计算

文中选取 13 家从事电子器材的上市公司 2015 年年报数据，计算三个指标如下：

表1　　　　　　　　　财务指标

股票代码	股票名称	总资产周转率	股东权益比率	销售净利率
600602	仪电电子	0.7678	78.1202	7.365
000050	深天马A	0.5643	61.2530	5.2761
600206	有研新材	0.8319	94.0510	1.2814
002402	和而泰	0.8344	71.6882	6.7702
002654	万润科技	0.5479	63.4925	6.7535
300014	亿纬锂能	0.6472	71.2892	12.3065
002138	顺络电子	0.4405	74.3489	19.8242
600237	铜峰电子	0.2606	59.1886	1.5495
300077	国民技术	0.1849	87.9883	15.3377
000413	东旭光电	0.2254	50.5630	29.9454
002288	超华科技	0.4219	66.8146	2.6559

13 家样本单位的股票价格变化情况如下表所示

表2　　　　　2016年3月15日上市公司市净率

股票代码	股票名称	市净率
600602	仪电电子	4.00
000050	深天马A	1.68
600206	有研新材	2.89
002402	和而泰	6.11
002654	万润科技	2.33
300014	亿纬锂能	5.46
002138	顺络电子	4.08
600237	铜峰电子	2.82
300077	国民技术	3.16
000413	东旭光电	2.02
002288	超华科技	4.75

（二）进行聚类分析

表3　　　　　　聚类分组情况

案例号	股票名称	聚类	距离
1	仪电电子	2	2.038
2	深天马A	1	7.613
3	有研新材	2	18.190
4	和而泰	2	6.604
5	万润科技	1	9.130
6	亿纬锂能	2	7.107
7	顺络电子	2	11.003
8	铜峰电子	1	8.798
9	国民技术	2	11.855
10	东旭光电	1	21.253
11	超华科技	2	12.836

表 4　　　　　　　　　　　　显著性检验

	聚类		误差		F	Sig.
	均方	df	均方	df		
总资产周转率	1.046	1	0.048	9	21.791	0.002
股东权益比率	1722.449	1	109.545	9	15.723	0.003
销售净利率	1862.234	1	74.436	9	25.017	0.002

根据表 3 可以看出将样本分为两组，1 组的市净率明显小于 2 组的市净率。可见总资产周转率、股东权益比率和销售净利率指标能直接反映在市净率这个指标上。通过表 4 的显著性检验可以知道各个指标在聚类的过程中区分度较好。

（三）进行判别分析

根据上述聚类分析的结果，将 13 个样本分为两组，分别为组 1 和组 2。其中，组 2 代表企业发展潜力较好的组，组 1 代表未来发展能力较弱的组。对两组进行判别分析得到下表。

表 5　　　　　　　　　　　　**Wilks 的 Lambda**

函数检验	Wilks 的 Lambda	卡方	df	Sig.
1	0.374	7.376	3	0.061

表 6　　　　　　　　　　　　分类函数系数

	组别	
	1.00	2.00
总资产周转率	13.062	17.323
销售净利率	0.554	0.669
股东权益比率	0.914	1.190
（常量）	−33.441	−54.979

Fisher 的线性判别式函数

通过表 5 可以看出，判别公式的显著性较高（Sig 值为 0.061）。从表 6 可以得出判别函数为：

$Y_1 = 13.062 \times$ 总资产周转率 $+ 0.554 \times$ 销售净利率 $+ 0.914 \times$ 股东权益比率 $- 33.441$

$Y_2 = 17.323 \times$ 总资产周转率 $+ 0.669 \times$ 销售净利率 $+ 1.190 \times$ 股东权益比率 $- 54.979$

这样，做财务分析时可以将待检测公司的财务指标代入上述两个判别方程，比较数值，哪个数值大就属于哪一组。通过待检测公司所在的组可以判断公司发展能力处于同行业的什么水平，为企业的内部管理和战略决策提供依据。

五 结论

通过以上分析可以看出，在做财务报告分析时，不应仅仅进行指标计算，更应善于利用各项指标，运用科学规范的方法，做出更加系统的结论。管理会计的前进路途中离不开统计学甚至运筹学等学科，这就要求会计从业人员不仅需要内练会计功底，也需要完善自己的知识体系。这样既能使会计数据及时有效地对接企业管理需求，也能使每一位会计人的职业生涯得到提升。

第二章　企业合并报表编制方法探析

一　合并报表总体原则

参与合并财务报表的两个主题需是控制与被控制的关系，合并报表的主要思想是将两个主体视为一个主体。

合并报表第一步是将报表的数据相加，再用"一个主体"的思想将报表中重复记录的部分消除。消除的方法之一是工作底稿法。

第二步需要考虑我国会计准则的相关要求，分清同一控制的企业合并和非同一控制的企业合并。对于同一控制的企业，在合并资产负债表中，母子公司都按账面价值反映，既除去被抵消的项目，合并数字反映的是母子公司资产与负债的账面价值之和。对于非同一控制下的企业合并，按照准则要求，子公司的资产与负债须按照评估后公允价值反映（此时资产与负债的差值为可辨认净资产公允价值），这样合并报表中的最终数值为母公司账面价值加上子公司视同公允价值计量的结果。

第三步我们需要考虑作为同一企业，母公司长期股权投资和子公司所有者权益应当抵消。为保证商誉值不变，抵消前需要将母公司长期股权投资由原来的成本法调整成为权益法（追溯调整）。

商誉发生变化只有两种情况，一是非同一控制合并，在合并日子公司资产和负债需要调整为公允价值，会出现暂时性差异进行所得税处理时影响商誉。二是商誉减值（这方面账务处理不属于企业合并内容）。

第四步考虑内部交易抵销处理，基本原理依然是将两个公司看成一个公司。将原有个别报表账务处理程序对合并报表中项目产生的影响消除（通过抵消分录）。

所有以上步骤都要随时考虑所得税会计的影响，按照一定规律调整所得税费用项目。

二　合并报表具体步骤

文中抵消分录为方便记忆，当分录包含资产、负债、所有者权益中所有项目时，简记为资产、负债、所有者权益。文中字母表示具体数值。

（一）合并日处理

1. 同一控制企业合并

对同一控制合并，将母子公司双方报表简单相加，作为同一企业看待。首先应将母公司的长期股权投资与子公司所有者权益（账面价值）抵消：

借：子公司所有者权益（账面价值）A
贷：长期股权投资（同一控制母公司长期股权投资初始计量为被投资企业所有者权益账面价值乘以持股比例）
　　少数股东权益 [A × (1 - 持股比例)]

2. 非同一控制企业合并

(1) 先调整子公司资产负债为评估后公允价值：
借或贷：资产（子公司）（调整数）
借或贷：负债（子公司）（调整数）
借或贷：资本公积（子公司）（倒挤）

(2) 将母公司的长期股权投资与子公司所有者权益（公允价

值）抵消

借：子公司所有者权益（调整后价值）[资本公积项目因（1）发生变化] B 商誉（捯挤）

贷：长期股权投资（非同一控制母公司长期股权投资初始计量为代价，且初始计量与子公司可辨认净资产公允价值×持股比例进行比较，若小于需要对长期股权投资调增，使二者数值相等）

少数股东权益[B×（1－持股比例）]

（3）考虑所得税问题

考虑（1），由于调增或调减了资产与负债，计税基础（原报表数值）与账面价值（调整后数值）产生暂时性差异，按照所得税会计要求：

借或贷：商誉（捯挤）S

借：递延所得税资产（可抵扣暂时性差异×25%）

贷：递延所得税负债（应纳税暂时性差异×25%）

（二）合并期间每年末

1. 同一控制合并

对同一控制合并双方年末报表数据简单相加，把母子公司作为同一企业看待，应将母公司的长期股权投资与子公司所有者权益（账面价值）抵消：

（1）调整母公司长期股权投资和其他项目（由成本法调整为权益法）

借：长期股权投资（调整数）

贷：投资收益[（本年子公司净利润－分配股利）×持股比例]

未分配利润（以前年度子公司净利润与分配股利之差与持股比例乘积）

资本公积（子公司以前年度和本年度资本公积变化×持股比例）

其他综合收益（子公司以前年度和本年度其他综合收益变化×持股比例）

外币报表折算差额（子公司外币报表折算差额变化数×持股比例）

（2）应将母公司的长期股权投资与子公司所有者权益（账面价值）抵消：

借：子公司所有者权益（年末账面价值）C

贷：长期股权投资（调整后数值）

少数股东权益［C×（1－持股比例）］

（3）借：投资收益（本年子公司净利润×持股比例）

少数股东损益［本年子公司净利润×（1－持股比例）］

未分配利润（子公司报表期初数）

贷：提取盈余公积（所有者权益变动表项目）（子公司当年计提数）

向股东支付的股利（所有者权益变动表项目）（子公司当年支付数）

未分配利润（子公司报表期末数）

（4）内部交易和所得税（此部分单独表述见下文）

2. 非同一控制企业合并

对非同一控制母子公司报表简单相加，作为同一企业看待，应将母公司的长期股权投资与子公司所有者权益（账面价值）抵消：

（1）调整子公司报表项目

由于子公司个别报表中利润的计算是延续合并日子公司资产与负债账面价值的结果，而准则要求反映按公允价值计量的结果，所以子公司的报表项目需要单独调整。调整思路如下：

识别由此影响的报表项目，考虑子公司的会计处理后报表中这些项目的期末数，考虑子公司以公允价值为基础，会计处理后这些项目的期末数。对这两个期末数的差异进行调整。

借：报表中各项目（应调整数）

借或贷：未分配利润（捌挤）。 注：为子公司以前年度利润累计调整数

贷：报表中各项目（应调整数）

资本公积（整数值与合并日调整数一致）

（2）考虑（1）中所得税问题

①若（1）中对子公司净利润影响数为正：

借：所得税费用（对利润影响数×25%）

借或贷：未分配利润（捌挤）。 注：为子公司以前年度净利润因所得税累计调整数

借：递延所得税资产（可抵扣暂时性差异）或贷：递延所得税负债（应纳税暂时性差异）

借或贷（同合并日）：商誉 S

②若（1）中对子公司净利润影响数为负：

借：递延所得税资产（可抵扣暂时性差异）或贷：递延所得税负债（应纳税暂时性差异）

借或贷：未分配利润（捌挤）。 注：为子公司以前年度净利润因所得税累计调整数

贷：所得税费用（对利润影响数×25%）

借或贷（同合并日）：商誉 S

（3）调整母公司长期股权投资和其他项目（由成本法调整为权益法）

注：子公司调整后净利润是经过（1）（2）调整后的净利润。

借：长期股权投资（调整数）

贷：投资收益［（本年子公司调整后净利润－分配股利）×持股比例］

未分配利润（以前年度子公司调整后净利润与分配股利之差与持股比例乘积）

资本公积（子公司以前年度和本年度资本公积变化×持股比例）

其他综合收益（子公司以前年度和本年度其他综合收益变化×持股比例）

外币报表折算差额（子公司外币报表折算差额变化数×持股比例）

（4）将母公司的长期股权投资与子公司所有者权益（公允价值）（调整后）抵消

借：子公司所有者权益（调整后价值）[资本公积项目因（1）发生变化]（未分配利润因各年度净利润的调整而调整）D

商誉（捯挤）

贷：长期股权投资[（3）调整后]

少数股东权益[D×（1－持股比例）]

（5）借：投资收益（本年子公司调整后净利润×持股比例）

少数股东损益[本年子公司调整后净利润×（1－持股比例）]

未分配利润（子公司报表调整后期初数）

贷：提取盈余公积（所有者权益变动表项目）（子公司当年计提数）

向股东支付的股利（所有者权益变动表项目）（子公司当年支付数）

未分配利润（子公司报表调整后期末数）

（6）内部交易和所得税（此部分单独表述见下文）

（三）内部交易及所得税处理

此部分内容无论是同一控制合并还是非同一控制合并均适用，内部交易处理首先分为逆流交易和顺流交易。逆流交易比顺流交易多做一个抵消分录。交易后，考虑母子公司个别报表各项目的变化。考虑视同一个企业如何进行账务处理以及报表中这些项目变化。两种变化不一样的地方需要调整。

1. 逆流交易存货

举一个母子逆流交易后没有对外销售的例子，母子公司作为一个企业看，仅仅是将存货挪了一个地方，无须账务处理，所以以下几个报表项目需要调整。

（1）借：营业收入（子公司记账收入）

贷：营业成本（子公司结转成本）

存货（母公司存货增值额）

（2）考虑所得税

借：递延所得税资产［按（1）中调整产生的可抵扣暂时性差异］

贷：所得税费用［按（1）对利润影响数为负］（影响数×25%）

（3）在逆流交易中，调整分录（1）（2）调整了子公司净利润，所以需要重新确认少数股东权益和少数股东损益。顺流交易不考虑这个分录。

借：少数股东权益［按（1）（2）对净利润影响数×（1－持股比例）］

贷：少数股东损益［按（1）（2）对净利润影响数×（1－持股比例）］

第二年仍没有对外销售，一个简单的方法是先考虑资产负债表（除未分配利润）和利润表各项目调整后，倒挤未分配利润项目。

（1）本年度存货未动，利润表项目不用调整，资产负债表只需将存货调减，倒挤未分配利润。

借：未分配利润 E

贷：存货 E

（2）考虑所得税，简单的方法是先考虑资产负债表（递延所得税资产）和（1）对利润表影响数（0），倒挤未分配利润项目。

借：递延所得税资产（E×25%）

贷：未分配利润

2 逆流交易固定资产

把母子公司作为一个企业，仅仅是将固定资产挪了一个地方，无须账务处理，只需照常计提折旧。而子公司做了固定资产处置，导致资产负债报表中固定资产项目减少，利润表中营业外收入项目增加（假设盈利）。母公司做固定资产购进处理，导致固定资产项目增加，由于子公司固定资产减少数小于母公司固定资产的增加数，导致合计数比将母子公司视为同一个企业的固定资产数大，需要调整。以后年度每年都应考虑固定资产项目和管理费用项目（假设办公用设备）。由于属于逆流交易，考虑少数股东权益问题。

举例说明：

年底，假设子公司将原值 100 元，累计折旧 50 元的固定资产以 150 元出售给母公司。

当年调整分录为：

（1）借：营业外收入 100

贷：固定资产 100（这个项目虚增 100 元）

（2）借：递延所得税资产 $100 \times 25\%$

贷：所得税费用 $100 \times 25\%$

（3）借：少数股东权益 $100（1-25\%）=75$

贷：少数股东损益 75

下一年度年底：

（1）考虑母公司个别报表折旧（5 年，无残值，直线法）后，固定资产项目为 $150-30=120$。母子公司作为一个企业固定资产项目应为 $50-10=40$，考虑折旧影响管理费用项目，母公司个别报表为 30，作为一个企业应为 10。将资产负债表和利润表项目考虑完毕后捯挤"未分配利润"项目。

分录（1）借：未分配利润（捯挤）100

贷：固定资产 40（120-40）

　　管理费用 20（30-10）

（2）由于（1）对利润影响数 20，固定资产减少 40 产生可抵扣暂时性差异

借：所得税费用 $20 \times 25\% = 5$

递延所得税资产 40×25% = 10

贷：未分配利润 15（倒挤）

三 合并报表的总结

（一）在非同一控制企业合并中，子公司由于公允价值问题的调整和内部交易的调整，总的思路是先考虑报表项目（除未分配利润），最后倒挤未分配利润。

（二）把母子公司作为一个整体考虑报表中各项目的调整数，可以使调整分录变得简洁明了。避免出现过多简单分录，容易遗漏的问题。

（三）所得税处理是有规律可循的，首先看前一个调整分录对利润的影响数为正数还是负数，涉及借还是贷"所得税费用"这个项目。再看前一个调整分录产生的暂时性差异是应纳税还是可抵扣，涉及贷"递延所得税负债"还是借"递延所得税资产"。最后倒挤"未分配利润"项目。

第三章　风险在财务评估中的应用探讨
——以 TCL 公司为例

一　我国上市公司对风险评估的认识

我国上市公司的管理者对财务管理的重视程度对于建立一个合理高效的财务管理起到了至关重要的作用。但我国目前很多上市公司的管理人员，对财务的运作，风险的计量与评估，相关专业水平不够。另外上市公司的高层管理人员并没有把风险作为财务决策首要考虑的因素，导致很多投资项目非常盲目，尽管有些项目取得了经济效益，但可能正在承受较高的投资风险。为以后上市公司长远发展埋下了隐患。此外，对于一些规模比较小的上市公司实施风险管理不符合成本效益原则。

从上市公司外部环境来讲，我国目前投资市场不够完善，资金不能安全自由流动，导致上市公司投资渠道单一，无形中削弱了上市公司深入研究投资理论的动力。另外上市公司的融资环境也不够理想，很多上市公司筹资渠道过于单一，影响上市公司自身壮大，而当上市公司无限制扩张后就会出现资金链的紧张，民间高利贷问题，老板跑路问题层出不穷，目前我国已经将上市公司融资难的问题提上了议事日程。

二 风险投资理论相关概念解释

为了便于对投资中相关问题的阐述,对于本文中比较重要和难以理解的信息进行详细解析。

预期收益率:是指进行项目投资决策时根据未来相关信息的预测得到的收益率,有时也根据历史数据预测。

例1 假设预期净现金流量如下:

```
    -1000    100    120    130
  0┠────┠────┠────┠──────►
        1      2      3
```

$$1000 = \frac{100}{1+i_0} + \frac{120}{(1+i_0)^2} + \frac{130}{(1+i_0)^3}$$

其中 i_0 为预期收益率(折现期是多长就是多久的预期收益率)。

必要收益率:是指根据项目投资风险计算出来的最低的理论上的预期收益率。

实际收益率:根据确定信息(包括历史和未来的)计算的收益率。采用折现方式计算,即使收到的净现金流量现值等于支付的代价的折现率。

例2 如果花1000元购买面值1100元的债券,每年利率10%,收到利息和本金的方式如下:

```
    -1000    110    110   110+1000
  0┠────┠────┠────┠──────►
        1      2      3
```

$$1000 = \frac{110}{1+i_0} + \frac{110}{(1+i_0)^2} + \frac{110+1000}{(1+i_0)^3}$$

i_0 为每期的实际利率（折现期是多长就是多久的实际利率）。

资本成本率：指企业筹集资金和使用资金而付出的代价。

例3 企业以 1000 元价格发行面值 1100 元的债券，每年利率 10%，年末付息，期末还本，发行费用 2%，所得税税率 25%。

$$1000(1-2\%) = \frac{110}{1+i_0} + \frac{110}{(1+i_0)^2} + \frac{110+1000}{(1+i_0)^3}$$

所求出的 i_0 即为税前资本成本，考虑债务利息抵税，税后资本成本为：

$$i_0(1-25\%)$$

三 风险导向下的投资决策分析

自从企业评估目标从追求利润最大化或投资报酬率最大化这些短期指标转向企业价值最大化以后，评估企业乃至评估项目投资甚至评估资产价值都离不开风险的概念。所有这些事项评估的核心就是寻求高收益低风险的高价值投资。

我们假设进行项目决策的投资期为一年，年初投入投资额为 K_0，年末收回投资数见下表。

表1 期末投资相关信息

一年内经济情况	发生概率	年末收回投资数
好	P_1	K_1
中	P_2	K_2
差	P_3	K_3

预期实际收益率或投资报酬率为 $E = \sum_{J=1}^{n} p_J \frac{k_j - k_0}{k_0}$

用于衡量风险的指标 $\partial = \sqrt{\sum_{J=1}^{n} p_J (k_j - E)^2}$

如有是多种投资渠道自然要选择 V = E/∂ 最大的方案。但该风险的计量比较难以获取相关信息,根据资本市场有效原则,每个投资者都能运用风险理念正确计算每个方案的收益率和风险,每个投资者都能获取市场所有信息,一旦市场出现套利机会,投资人会迅速做出反应通过市场竞争使套利消失,最终市场上所有投资品种的风险和收益率都应该在一条直线上,这就是我们常说的高风险高收益。或者说风险与收益是相互配比的。为求出这条直线,如果假设只有一个因素 I 决定市场所有的风险,我们可以通过套利定价理论求出。

根据套利理论,成功逃离应具有三个标志:

1. 构造的套利组合应不增加投资者的投资。
2. 套利组合无风险,即产生风险的因子对套利组合的影响程度为零。
3. 套利组合的预期收益率非负。

我们假设每项资产的理论预期收益率公式为:

$\bar{k}_J = A_J + \beta_J \bar{I}$(式中:$\bar{k}_J$ 表示每项资产的理论预期收益率;β_J 表示资产相对于 I 的敏感度,用来衡量风险大小;$\bar{I}$ 为因子的预期平均数)

投资者套利的目标是使套利组合的预期收益率最大化且满足以上三个条件,我们可以用数学公式表达为:

$$Max\ \bar{k}_x = \sum_{J=1}^{n} w_J \bar{k}_J$$

$$s.t. \begin{cases} \sum_{J=1}^{n} w_J = 0 \\ \beta_X = \sum_{J=1}^{n} w_J \beta_J = 0 \end{cases}$$

式中:w_J 为每个资产的投资比重。

利用拉格朗日乘数法,建立拉格朗日函数

第三章 风险在财务评估中的应用探讨

$$L = \sum_{J=1}^{n} w_J \bar{k}_J - \lambda_0 \sum_{J=1}^{n} k_J - \lambda_1 \sum_{J=1}^{n} k_J \beta_J \tag{1}$$

为了求出 L 的最大值，为此将 L 对 w_J 及 λ_0, λ_1 求偏导并令其等于零：

$$\frac{\partial L}{\partial k_J} = \bar{k}_J - \lambda_0 - \lambda_1 \beta_J = 0, J = 1, \cdots, n$$

$$\frac{\partial L}{\partial \lambda_0} = \sum_{k=1}^{n} w_k = 0 \tag{2}$$

$$\frac{\partial L}{\partial \lambda_1} = \sum_{k=1}^{n} w_k \beta_k = 0$$

从（2）可以求出使套利组合收益率最大的 $\bar{r}_J$ 与 β_J 的关系

$$\bar{k}_J = \lambda_0 + \lambda_1 \beta_J, J = 1, \cdots, n \tag{3}$$

针对套利定价模型（3）中的常数 λ_0, λ_1，无风险资产也适用上述公式，其收益率为无风险利率 r_f，而且它的收益率不受任何风险因子影响，因此对无风险资产 $\beta_F = 0$。将无风险资产代入模型（3），则有

$$r_f = \lambda_0 + \lambda_1 \cdot 0$$

于是 $\lambda_0 = r_f$ 将其代入（3）得出

$$\bar{k}_J = r_f + \lambda_1 \beta_J, J = 1, \cdots, n \tag{4}$$

为了明确 λ_1 的含义，我们构造一个组合，使其因子影响程度 $\beta_P = 1$ 代入上式可得：

该组合的预期收益率 $\bar{k}_P = r_f + \lambda_1, \lambda_1 = \bar{k}_P - r_f$

于是（4）的套利定价模型可以写成

$$\bar{k}_J = r_f + \beta_J (\bar{k}_P - r_F)$$

如果将市场投资组合作为纯因子，则套利定价模型具有如下形式：

$$\bar{k}_J = r_f + \beta_J (\bar{r}_M - r_F)$$

这个公式与 CAPM 形式完全一样。

通过 CAPM 模型我们可以得到在资本市场有效前提下其理论预期收益率应该与其对应的风险呈线性关系，这个模型可以帮助我们找到理论的预期收益率的底线（即必要收益率），也就是说当实际的预期收益率低于或者高于这个收益率就意味着他的实际的预期收益率与他的风险并不匹配。

一开始我们的基本决策模型对比的是预期实际收益率与预期实际风险的比值同其他资产的这个比值做比较，现在已经转换为用该项资产预期实际收益率与应承担该投资风险的必要收益率做比较。这种对比本质上就是考虑了风险，并且风险在做决策的过程中隐藏于必要收益率之中。

预期实际收益率如何与必要收益率做比较的方法正是运用了折现这个工具。假设预期实际收益率为：

$$E = \sum_{J=1}^{n} p_J \frac{k_j - k_0}{k_0}$$

试中 $\sum_{J=1}^{n} p_J k_j$ 为期末的预期净现金流量，原式可以写成：

$$E = \frac{\sum_{J=1}^{n} p_J k_j - k_0}{k_0}$$

我们假设与该风险相匹配的必要收益率为 R，则用这个收益率对预期净现金流量折现，时间轴如下：

现值 $NPV = -k_0 + \dfrac{\sum_{J=1}^{n} p_J k_j}{1 + R}$，假设 $NPV > 0$，可得

$$R < \frac{\sum_{j=1}^{n} p_J k_j}{k_0} - 1$$

R＜E，说明该项目可行。推而广之，如果投资期为一年以上，就需要用每个时间点的净现金流量（如果多个期间为每期期末的价值）用每期 R 进行折现，如果 NPV 大于零意味着项目的预期实际收益率大于理论必要收益率，有套利机会，项目可行。

可以看出，这个算法有很多要点，第一，假设了若干年的项目风险不变故此必要收益率不变，折现率也不变，如能更好地预测出风险的变动每期的折现率应该不一致。第二，预期的现金流量是一个以各期概率为权重的加权平均数。

四 投资决策中的必要报酬率与筹资活动中资本成本之间的关系

这个问题是联系筹资活动与投资活动的根本，筹资活动能否影响企业的必要报酬率，目前有很多理论学说，最为经典的当属 MM 理论，该理论认为筹资活动导致债务比例的变化并不能影响投资项目本身的必要报酬率，只会间接影响股东的必要报酬率，这里面最基本的假设是假设综合资本成本即为必要收益率，其核心是建立于风险概念之上的，因为企业实体投资项目带来的风险体现为各期净现金流量的波动，而企业税后净现金流量恰好等于对于企业债权人和股东的净现金流量之和，又因为企业的价值等同于股票价值和债务价值之和。所以企业投资人面临的风险与企业自身的风险有一定的联系，也就是说企业与投资人之间的必要收益率应有一定联系。

根据前提

1. 企业现金净流量 = 债务净流量 + 股权净流量。
2. 企业价值 = 股票价值和债务价值之和。我们分析一下必要报酬率之间的关系。

因为计算价值的方式都是从未来的末点向前进行折现。我们先折现一期。

假设末点企业现金净流量为 T 这个数值等于债务现金流量 B 与股权现金流量 A 之和。再假设企业必要收益率为 t，债务人必要收益率为 b，股权收益率为 a。

则有：

企业价值 $Vt = \dfrac{T}{1+t}$，股权价值 $Va = \dfrac{A}{1+a}$，债务价值 $Vb = \dfrac{B}{1+b}$

若满足 $Vt = Va + Vb$

$$t = \dfrac{T}{\dfrac{A}{1+a}+\dfrac{B}{1+b}} - 1，即 t = \dfrac{A+B}{\dfrac{A}{1+a}+\dfrac{B}{1+b}} - 1，进一步推导$$

$$t = \dfrac{\dfrac{A}{1+a}(1+a)+\dfrac{B}{1+b}(1+b)}{\dfrac{A}{1+a}+\dfrac{B}{1+b}} - 1，\quad t = \dfrac{\dfrac{A}{1+a}a+\dfrac{B}{1+b}b}{\dfrac{A}{1+a}+\dfrac{B}{1+b}},$$

最终我们得到

$$t = \dfrac{\dfrac{A}{1+a}}{\dfrac{A}{1+a}+\dfrac{B}{1+b}}a + \dfrac{\dfrac{B}{1+b}}{\dfrac{A}{1+a}+\dfrac{B}{1+b}}b \tag{5}$$

式（5）的推导方法可以继续逐年先前推导。

由式（5）可以看出：

1. 因为企业价值 = 债务价值 + 股权价值，企业总的必要收益率必须以每期债务和股权的价值比重作为权重对债务必要收益率和股权必要收益率求和。

2. 假设原来企业没有债务，但企业筹资结构发生变化产生了负债，但企业投资环境没有发生变化，即企业整体风险没有变化。

没有负债的时候企业的必要收益率即为股权收益率：

$t = r$，这里 r 为无负债的权益收益率

$$r = \frac{\dfrac{A}{1+a}a + \dfrac{B}{1+b}b}{\dfrac{A}{1+a} + \dfrac{B}{1+b}} \cdot \dfrac{1}{\dfrac{A}{1+a} + \dfrac{B}{1+b}}$$，这里 r 和 a 的关系即为无财

务杠杆的权益收益率和有财务杠杆的收益率关系。

推导后 $a = r + \dfrac{\dfrac{B}{1+b}}{\dfrac{A}{1+a}}(r-b)$，由此可以看出两者之间的关系比

较复杂，取决于改变筹资结构后的债务价值和权益价值的比值及债务的必要收益率。

用综合资本成本代替企业必要收益率存在三个问题：

1. 计算资本成本的数值时由于债务要考虑利息的抵税作用，导致债务资本成本不完全等同于债务人要求的必要收益率，因此债务资本成本是债务人必要收益率的一个近似指标。

2. 个别资本成本在计算时，考虑时间价值时所估计的现金流量为预期实际现金流量，所以个别资本成本更近似于预期实际收益率。只有资本市场有效，预期实际收益率才能等同于必要收益率。但资本市场完全有效也就失去了决策的必要了。

3. 综合资本成本计算对于权重的选择当前学术界并不统一，如账面价值、市场价格等都可以，而通过上述推导可以看出只有采用价值比例作为权重，并且个别资本必须等同于必要收益率时，才能将企业综合资本成本作为必要收益率的替代。

五 用历史数据检验企业价值计算的方法探讨

根据资本市场线的推导我们知道 $\beta_k = \dfrac{\text{cov}(R_K, R_M)}{\sigma_M^2}$，在推导过

程中有两个前提，一是要预先预计出项目投资的风险，也就是预测出 σ_K；二是预测出市场风险 σ_M^2；最后若要求出投资项目的必要收益率，还需知道市场预期收益率，以及无风险收益率。

当我们用历史数据来分析投资的必要报酬率时，我们假设了过去几年的波动风险（无论项目投资还是市场），会在今后的每年产生，过去的市场历史平均收益率为预期收益率。这样我们可以预计出项目的必要报酬率。

但从假设中可以看出一些不尽合理之处：

第一，如果历史数据采用不同的时间段的上述相关指标就会变化，项目的价值结果也会变化。第二，我们假设风险在每个未来年度都一样，这会与实际不符。所以我们的必要报酬率的评估不会十分精确，仅能作为参考。如果进行价值估计，未来的现金流量更是难以预计，这也加重了预计结果的不准确性。

建议在投资决策中多参考必要报酬率这个指标，相对于价值评估更加准确。参考必要报酬率这个指标暗含只为获取承担相应风险的报酬率，当你想知道能不能得到这个收益率时价值评估就被应用了，这实际上不承认市场是强势有效的。

必要收益率最为稳妥的评估方法，就是利用近期历史数据反映的收益率的平均数与所预计的必要报酬率做比较，判断企业以往实际表现与风险是否匹配，我们只能期待未来也会这样。不能根据未来宏观经济预期单纯去对过往平均收益率进行修正，因为假设宏观经济乐观，企业项目的必要报酬率也会上升，即使企业未来预期收益率较高也未必会带来企业价值的提升。

六 运用实例进行风险理论分析

我们以 TCL 公司的股权价值评估为例，对 TCL 公司近期表现进行评判。获取相应数据如下：

表 2　　　　　　　　　　TCL 及上证指数统计

报告期	2011-6-30	2011-9-30	2011-12-31	2012-3-31	2012-6-30	2012-9-30	2012-12-31	2013-3-31	2013-6-30	2013-9-30
TCL股价（元）	2.99	2.12	1.84	2.04	2.03	1.9	2.19	2.62	2.72	2.28
每季度收益率估计（%）	-29.10	-13.21	10.87	-0.49	-6.40	15.26	19.63	3.82	-16.18	—
上证指数	2762.08	2359.22	2199.42	2262.79	2225.43	2086.17	2269.13	2236.62	1979.21	2174.67
市场收益率的估计（%）	-14.59	-6.77	2.88	-1.65	-6.26	8.77	-1.43	-11.51	9.88	—
收益率相关性分析	0.42	—	—	—	—	—	—	—	—	—

根据表中收益率的相关系数只有 0.42，可以看出 TCL 股票收益率与市场收益率并没有明显的相关性，这主要有几种可能：

1. 噪音干扰大，在股票市场中，有很多盲目跟风的人，也有炒作因素等非理性因素存在使得实际股价走势，并不具有明显的规律性，为减少这种因素可以考虑在样本量较大时，剔除个别异点。

2. 数据跨期较长，公司经营方针等变化导致企业股权风险变化，进而使得指标 β 系数不稳定，应对这个问题，我们可缩短数据跨期时间段进行分段分析，进而分析 β 变化原因。

3. 样本数据较少不具有代表性，样本量太少使得股权收益率和市场收益率趋势并不明显，可考虑适当增加样本个数。

4. 数据间隔期较大，趋势描述不够精确，可考虑缩短样本数据的间隔期。

基于此我们可以采用 2013 年 1 月 1 日至 2013 年 10 月 30 日的数据，并缩短样本间隔为每周，可得到数据如下：

表3   **2013年1月1日至2013年10月30日数据**

时间	TCL收盘价（元）	每周收益率（%）	上证指数	市场收益率（%）
2013-1-4	2.21	—	2276.99	—
2013-1-11	2.24	1.36	2243	-1.49
2013-1-18	2.48	10.71	2317.07	3.30
2013-1-25	2.41	-2.82	2291.3	-1.11
2013-2-1	2.39	-0.83	2419.02	5.57
2013-2-8	2.45	2.51	2432.4	0.55
2013-2-22	2.33	-4.90	2314.16	-4.86
2013-3-1	2.42	3.86	2359.51	1.96
2013-3-8	2.59	7.02	2318.61	-1.73
2013-3-15	2.52	-2.70	2278.4	-1.73
2013-3-22	2.66	5.56	2328.28	2.19
2013-3-29	2.62	-1.50	2236.62	-3.94
2013-4-3	2.66	1.53	2225.29	-0.51
2013-4-12	2.71	1.88	2206.78	-0.83
2013-4-19	2.78	2.58	2244.64	1.72
2013-4-26	2.86	2.88	2177.91	-2.97
2013-5-3	2.92	2.10	2205.5	1.27
2013-5-10	2.85	-2.40	2246.83	1.87
2013-5-17	2.97	4.21	2282.87	1.60
2013-5-24	2.94	-1.01	2288.53	0.25
2013-5-31	2.90	-1.36	2300.59	0.53
2013-6-7	2.56	-11.72	2210.9	-3.90
2013-6-14	2.53	-1.17	2162.04	-2.21
2013-6-21	2.36	-6.72	2073.09	-4.11
2013-6-28	2.27	-3.81	1979.21	-4.53
2013-7-5	2.27	0.00	2007.2	1.41
2013-7-12	2.25	-0.88	2039.49	1.61
2013-7-19	2.19	-2.67	1992.65	-2.30
2013-7-26	2.19	0.00	2010.85	0.91
2013-8-2	2.17	-0.91	2029.42	0.92

第三章　风险在财务评估中的应用探讨　　157

续表

时间	TCL 收盘价（元）	每周收益率（%）	上证指数	市场收益率（%）
2013 - 8 - 9	2.22	2.30	2052.24	1.12
2013 - 8 - 16	2.25	1.35	2068.45	0.79
2013 - 8 - 23	2.23	- 0.89	2057.46	- 0.53
2013 - 8 - 30	2.2	- 1.35	2098.38	1.99
2013 - 9 - 6	2.24	1.82	2139.99	1.98
2013 - 9 - 13	2.37	5.80	2236.22	4.50
2013 - 9 - 18	2.32	- 2.11	2191.85	- 1.98
2013 - 9 - 27	2.23	- 3.88	2160.03	- 1.45
2013 - 9 - 30	2.23	0.00	2160.03	0.01
2013 - 10 - 11	2.33	4.48	2228.15	3.15
2013 - 10 - 18	2.29	- 1.72	2193.78	- 1.54
2013 - 10 - 25	2.44	6.55	2132.96	- 2.77
2013 - 11 - 1	2.43	- 0.41	2149.56	0.78

X 轴为大盘收益率，Y 轴为股票收益率的散点分布图如图 4 所示。

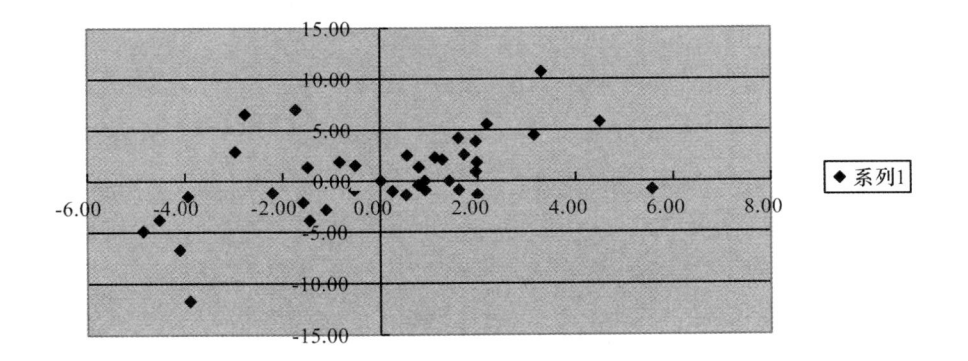

图 1　散点分布

根据散点总体趋势，从 42 个样本中去掉（- 2.77%，6.55%）（- 3.90%，- 11.72%）（- 2.97%，- 2.88%）

(−1.73%，7.02%)（5.57%，−0.83%）（3.30%，10.715）六个异常点，考虑这几个点为噪音较大的点。

对剩余 36 个点进行回归分析：

表 4　　　　　　　　　　模型汇总

模型	R	R 方	调整 R 方	标准估计的误差
1	0.763[a]	0.582	0.569	0.0191456

a. 预测变量：（常量），大盘

表 5　　　　　　　　　　系数[a]

模型		非标准化系数		标准系数	t	Sig.
		B	标准误差	试用版		
1	（常量）	5.067E−5	0.003		−0.016	0.987
	大盘	1.011	0.147	0.763	6.874	0.000

a. 因变量：股票

根据前述可以得出股权收益率与大盘收益率相关系数为 0.763，β 系数为 1.011 这样的数据。国债即 3 年期 4.76%，周利率为 0.09%，作为无风险收益率的估计，市场平均收益率为 −0.06%，这样我们可以根据资本资产定价模型得出必要报酬率。

$R = 0.03\% + 1.011 \times (−0.06\% − 0.03\%) = −0.062\%$

这里就数据进行分析：

1. 市场收益率为负数，是不符合理论和实际的，因为那样所有人都去进行无风险投资尚可获取 0.09% 的收益。之所以出现负数是由于我们对未来市场风险的预测中只假设为我们 36 个样本的情况，而这 36 个样本是历史发生的既定事实，未来市场收益率的预期会出现更大的可能。这 36 个样本不足以代表未来所有的可能。

2. 我们预测的 β 值，使用历史 36 个样本，考量股权收益率与市场收益率的历史波动关系来预测股权的风险，实质就是假设未来二者之间的波动关系依旧如此，除非影响股权投资风险的因素有所变化。而如果我们换 36 个样本进行分析可能会有不同的答案，这也说明企业自身的 β 值不是永恒不变的。

3. 我们预测的必要收益率 -0.062%，是基于未来市场如同样本那样在不景气的范围波动，且股权 β 不变的情况下的收益率，如果前提成立，这个 -0.062% 也成立。但最不可能出现的就是市场收益率为负数，所以必要报酬率的预测值不准确，但从 2013 年的表现以及 CPAM 模型中，我们可以得出这样一个有益于投资者的结论：过去的九个月中 TCL 的整体表现要好于预期收益率，并且其预期收益率相对于未来市场的敏感度为 1.011。

4. 如果要准确地预计出必要报酬率，需要修正数据的样本，一种方法扩大样本期间，但容易出现股权 β 系数不稳定的问题，长期来看并不总是必要收益率和市场收益率线性相关。另一个方法，定性预计未来市场走势，选取历史数据中走势相同的样本做预测。

第四章　追溯调整法总结与探讨

追溯调整法本质上讲就是按照新产生的信息对以前账户余额进行调整，使之从一开始就预料到新的信息做账的结果。

运用好追溯调整法，头脑里要清楚两个问题，一个是新的信息涉及哪些账户的余额，另一个是这些账户调整前余额和调整后余额是多少，要解决这两个问题既要对原有账务处理熟悉，又要对复算的账务处理熟悉。

在目前会计准则的规定下，很多会计核算采用追溯调整法，例如长期股权投资的核算中成本法与权益法的转换、会计报表合并中的合并分录的编制、融资租赁中未担保余值发生变化的会计处理、资产负债表日后事项外币折算、资产减值也可以理解为根据新的信息对原有资产期末账户进行追溯调整。下面举例说明：

一　应收款项

一开始有笔经济业务如下：
借：应收账款 10
贷：银行存款 10

这笔分录是基于当前信息，即债权人能全额还款入账但某一天根据新的信息此人只能还 8 元，倘若我们一开始就知道这个信息的话，账务处理应是：

借：应收账款 8
　　损益类科目 2
贷：银行存款 10

由此我们应对应收账款和损益类科目加以调整，调整分录如下：

借：损益类科目 2
贷：应收账款 2

唯一值得商榷的是损益类科目应计入哪个科目的问题，笔者认为不跨期计入当期损益，跨期则应调整留存收益，同时考虑递延所得税资产和递延所得税负债的调整。对于应收账款的冲减是否采用备抵法的问题。我国会计准则用备抵法。

二　债权投资这个科目

一开始有笔经济业务如下：

借：债权投资 1000
贷：银行存款 900
　　债权投资——利息调整 100

实际利率计算如下：

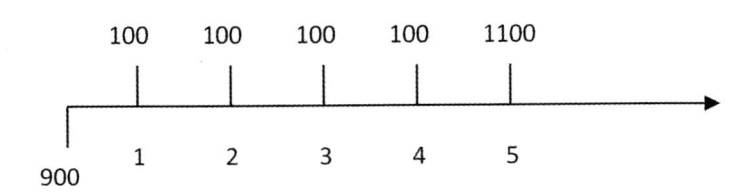

$$900 = 100/(1+i) + 100/(1+i)^2 + 100/(1+i)^3 + 100/(1+i)^4 + 1100/(1+i)^5$$

$$i = 13\%$$

以 5 年期票面利率 10% 年末计息核算，一年后账务处理如下：

借：应收利息 $1000 \times 10\%$

债权投资——损益调整 17

贷：投资收益 900×13% = 117

借：银行存款 100

贷：应收利息 100

此时债权余额 900+17 = 917

假设预测以后各年回款信息发生新的变化如下所示：

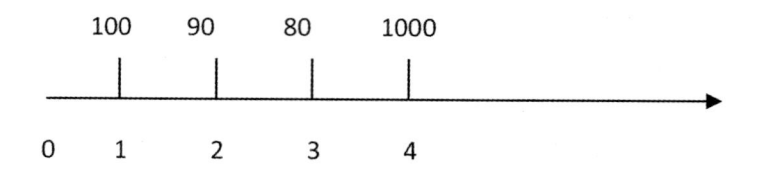

```
        100    90    80   1000
         |     |     |     |
    ─────┼─────┼─────┼─────┼─────→
    0    1     2     3     4
```

根据这些新的信息债权的价值变为：

$100/(1+i) + 90/(1+i)^2 + 80/(1+i)^3 + 1000/(1+i)^4 = 827.74 \ (i=13\%)$

视同一开始就知道这些信息的账务处理如下：

首先计算购买债券的价值 $v = 100/(1+i) + 100/(1+i)^2 + 90/(1+i)^3 + 80/(1+i)^4 + 1000/(1+i)^5 = 821.01$

借：债权投资 1000

　　购买损益 78.99

贷：银行存款 900

　　债权投资——利息调整 178.99

一年后为：

借：应收利息 1000×10%

　　债权投资——损益调整 6.73

贷：投资收益 821.01×13% = 106.73

借：银行存款 100

贷：应收利息 100

此时，债权余额为 821.01+6.73 = 827.74

涉及调整的科目有购买损益和债权投资——利息调整，调整分录如下：

借：购买损益 78.99
　　投资收益 10.27
贷：债权投资——利息调整 89.26

这里值得讨论的是：

对于企业都买的资产是按照实际支付的代价入账，还是按照价值入账，如果采用后者就会产生购买损益，也就是买便宜还是买贵了的问题要不要计入损益。

在调整分录中损益的确认采用哪些科目，如本例而言确认购买损益和投资损益，而我国会计准则作为资产减值损失处理。严格来讲如果跨期的话，应该考虑留存收益的调整。

调整分录的贷方科目，本题采用追溯调整法贷记债权投资——利息调整，准则将其调整用备抵科目处理。

三　长期股权投资成本法转换为权益法

根据上述原则视同一开始就采用权益法来处理各账户将原有账户按照权益法处理的结果进行调整。这里尤为注意的是新投资改变了原投资时对被投资企业可辨认净资产的确认的信息，长期股权投资权益法本质上是长期股权投资科目反映被投资企业可辨认净资产确认的情况下所有者权益变化属于母公司的部分。按此调整长期股权投资账面价值，但对方科目如何追溯调整这是一个比较复杂的问题。应先调整被投资企业权益变动部分，但此时权益变动部分按照一开始的可辨认净资产的数据调整被投资企业的损益或留存收益，然后调整可辨认净资产二次评估后增值扣除前述调整部分。

但准则中很多规定并不是彻底的追溯调整法。

举例如下（本例假设没有二次评估被投资企业可辨认净资产公允价值）：

A公司于2007年1月1日以银行存款1000万元取得B公司10%的股权，采用成本法核算长期股权投资，2007年1月1日B公司可辨认净资产的公允价值为10000万元，取得投资时被投资单位仅有一项固定资产的公允价值与账面价值不相等，除此以外，其他可辨认资产、负债的账面价值与公允价值相等。该固定资产原值为200万元，已计提折旧50万元，B公司预计使用年限为10年，净残值为零，按照直线法计提折旧；A公司预计该固定资产公允价值为300万元，A公司剩余使用年限为10年，净残值为零，按照直线法计提折旧。双方采用的会计政策、会计期间相同，不考虑所得税因素。

2007年度B公司因可供出售金融资产公允价值变动增加资本公积60万元。

2008年度B公司因可供出售金融资产公允价值变动增加资本公积40万元。

取得投资后，B公司实现的净利润及利润分配情况见表1：

表1　　　　B公司实现的净利润及利润分配情况　　　　单位：万元

宣告分配上年现金股利时间	B公司上年报告的净利润	B公司分派利润	A公司应分得现金股利
2007年4月5日	—	200	20
2008年4月10日	400	300	30
2009年1月2日	500	—	—

A公司于2009年1月1日又以银行存款4000万元取得B公司30%的股权。

成本法下会计分录

A公司2007年1月1日至2009年1月1日对B公司股权投资相关的会计分录如下：

2007年1月1日

借：长期股权投资——B公司 1000
　　贷：银行存款 1000
　　　　2007年3月5日
借：应收股利 20
　　贷：长期股权投资——B公司 20

成本法下，2007年12月31日长期股权投资的账面价值＝1000－20＝980万元。

2008年3月15日

投资后，累积应收股利（200＋300）×10%＝50万元

投资后，累积应收净利（0＋400）×10%＝40万元

投资后，累积应确认的投资收益40万元，为累积应收股利与累积应收净利两者孰低。

本年应确认的投资收益＝累积应确认的投资收益40万元－以前年度已累计确认的投资收益0万元＝40万元

本年应冲减初始投资成本＝应收股利30－确认的投资收益40＝10万元

借：应收股利 300×10%＝30
　　长期股权投资——B公司 10
　　贷：投资收益 40

成本法下，2008年12月31日长期股权投资的账面价值＝980＋10＝990万元。

2009年1月1日

1. 新取得的长期股权投资部分的账务处理：

（1）新取得的长期股权投资部分的初始成本

借：长期股权投资——B公司（成本）4000
　　贷：银行存款 4000

（2）新取得的长期股权投资部分的后续计量

新取得投资时因投资成本4000万元大于应享有被投资单位可辨认净资产公允价值份额3156万元〔（10000＋900＋100－500＋

20）×30%〕的差额，不调整长期股权投资的账面价值。

取得投资后的长期股权投资账面价值为 4990 万元。

2. 通过追溯调整法，视同全过程都采用权益法，A 公司账务处理如下：

2007 年 1 月 1 日

借：长期股权投资——B 公司（投资成本）1000

贷：银行存款 1000

初始投资成本 1000 万元等于取得投资时应享有被投资单位可辨认净资产公允价值份额 1000 万元（10000×10%），不调整长期股权投资的账面价值。

2007 年 3 月 5 日

借：应收股利 20（200×100%）

贷：长期股权投资——B 公司（投资成本）20

207 年 12 月 31 日

固定资产公允价值与账面价值差额应调整增加的折旧额 =（300÷10－200÷10）= 10（万元）

调整后的净利润 = 400－10 = 390（万元）

借：长期股权投资——B 公司（损益调整）39（390×10%）

贷：投资收益 39（390×10%）

因 B 公司可供出售金融资产公允价值变动，2007 年度增加资本公积 60 万元。

借：长期股权投资——B 公司（其他权益变动）6（60×10%）

贷：资本公积－其他资本公积 6

权益法下，2007 年 12 月 31 日长期股权投资的账面价值 = 1000－20＋39＋6 = 1025 万元

2008 年 3 月 15 日

借：应收股利 30（300×10%）

贷：长期股权投资——B 公司（损益调整）30

2008年12月31日

固定资产公允价值与账面价值差额应调整增加的折旧额＝（300÷10－200÷10）＝10（万元）

调整后的净利润＝500－10＝490（万元）

借：长期股权投资——B公司（损益调整）49（490×10%）

贷：投资收益 49

因B公司可供出售金融资产公允价值变动，2008年度增加资本公积40万元。

借：长期股权投资——B公司（其他权益变动）4（40×10%）

贷：资本公积－其他资本公积 4

权益法下，2008年12月31日长期股权投资的账面价值＝1025－30＋49＋4＝1048万元

2009年1月1日

1. 追加投资取得的长期股权投资部分的账务处理：

（1）追加投资取得的长期股权投资部分的初始成本

借：长期股权投资——B公司（成本）4000

贷：银行存款 4000

（2）追加投资取得的长期股权投资部分的后续计量

新取得投资时因投资成本4000万元大于应享有被投资单位可辨认净资产公允价值份额3156万元〔（10000＋900＋100－500＋20）×30%〕的差额为正，不调整长期股权投资的账面价值。

权益法下，2009年1月1日长期股权投资的账面价值＝1048＋4000＝5048万元

2. 调整分录

可见应对长期股权投资账面价值调整5048－4990＝58，其他受影响的科目只有资本公积、盈余公积、未分配利润（跨期影响），具体调整分录如下：

借：长期股权投资 58

贷：资本公积 10

盈余公积 48×10%

未分配利润 48×90%

四 资产负债表如后事项处理

当期发生销货，会计分录如下：

借：应收账款 117

贷：主营业务收入 100

应交税费——应交增值税—销项税额 17

借：主营业务成本 90

贷：库存商品 90

资产负债表后，发生销货退回，在进行账务处理时，要视同一开始就没有销货，影响的账户有应收账款、应交税费—增值税、库存商品、应缴税费—应交所得税、盈余公积、未分配利润。（不考虑所得税会计）

调整分录如下：

借：库存商品 90

应交税费——应交增值税—销项税额 17

应交税费——应交所得税 10×0.25

盈余公积 7.5×10%

未分配利润 7.5×90%

贷：应收账款 117

五 融资租赁会计处理

未担保余值发生改变对于出租人的会计处理，视同一开始就采用新的未担保余值进行处理来进行调整相关账户余额：

例：甲公司向乙公司租入一台全新设备，租约的有关内容如下：

1. 租期 5 年，不可撤销；

2. 每年支付租金 10000 元，于年末支付；

3. 承租人担保余值 5000 元，未担保余值 1000 元；

4. 租赁开始日即 2012 年 1 月 1 日，设备的账面价值等于公允价值为 40000 元；预计未来使用寿命 6 年；

5. 合同利率为 6%；

6. 租期届满，租赁资产由出租人收回。

确认内含利率 $40000 = 10000PVIFA(i, 5) + 1000PVIF(i, 5) + 5000PVIF(i, 5)$

$i = 11.48\%$

甲公司开始日账务处理如下：

借：应收融资租赁款 55000
　　未担保余值 1000
贷：融资租赁资产 40000
　　实现融资收益 16000

第一年末账务处理：

借：银行存款 10000
贷：应收融资租赁款 10000
借：未实现融资收益 40000×0.1148
贷：租赁收入 4592

此时发现未担保余值只有 500，调账时运用追溯调整一下假设一开始就按 500 入账的账务处理

重算内含利率
$40000 = 10000PVIFA(i, 5) + 500PVIF(i, 5) + 5000PVIF(i, 5)$
$i = 11.21\%$

租赁日：

借：应收融资租赁款 55000
　　未担保余值 500
贷：融资租赁资产 40000
　　未实现融资收益 15500

第一年末账务处理：

借：银行存款 10000

贷：应收融资租赁款 10000

借：未实现融资收益 40000×0.1121

贷：租赁收入 4484

可见需要调整的科目有未担保余值、未实现融资收益和租赁收入。

调整分录如下：

借：租赁收入 4592 − 4484 = 108

　　未实现融资收益 392

贷：未担保余值 500

但我国会计准则将租赁收入改为营业外支出，且描述调整方式上显得很复杂，不利于理解。

企业合并的例子限于篇幅，不一一阐述，总的原则依然是考虑原有（各自调整后）个别报表数字之和与把两个企业视同一个整体应该反映的数值之差进行调整。需要强调的是判断两个企业视同一个整体应该反映的数值是多少时考虑当前会计准则要求的合并观念。

综上所述，我国会计核算很多理念都可以统一为追溯调整，只有深刻了解追溯调整的理念才能熟练运用各种会计处理方法。

第五章　摊余成本问题探讨

在准则与教科书中关于摊余成本的定义是金融资产（负债）的摊余成本，是指该金融资产（负债）的初始确认金额经下列调整后的结果：

1. 扣除已收回或偿还的本金；
2. 加上或减去采用实际利率法将该初始确认金额与到期日金额之间的差额进行摊销形成的累计摊销额；
3. 扣除已发生的减值损失（仅适用于金融资产）。

即摊余成本＝初始确认金额－已收回或偿还的本金±累计摊销额－已发生的减值损失。

该解释过于晦涩，且没有指出摊余成本的本质。笔者认为摊余成本实质是远期首付一系列款项的价值。按照准则中的算法就是现值，其折现率的计算有两种一种是根据当前交易价格倒退，另一种采用某一已知利率。前者以资本市场有效为前提即假设价格＝价值。后者一般用必要报酬率。

而跨期的摊销，减值的处理，就是将账户余额调整为已知未来收付现金流的现值。换句话就是按现值入账。

如果将摊余成本的概念统一为现值，很多会计上的处理都可归为以现值入账，调整方法与所谓摊余成本的处理异曲同工。

一　初始计量按价值入账的三种方法

第一种财务处理的方法：

销售一件商品当前价 100000 元，分期付款的话，三年，每年末 50000。分期付款分录如下：

借：应收账款 150000

贷：主营业务收入 100000

　　递延收益 50000

这个分录实质上未来三次收款按 150000 - 50000 = 100000 元入账，本会计处理即假设未来这些钱的价值为 100000 元，后期这三个 50000 元在不同时期的现值都不一样，要进行调整这笔债券的价值，其方法就是摊销递延收益，利率倒推。

第二种财务处理的方法：

借：应收账款 100000

贷：主营业务收入 100000

简单易懂，债券按价值 100000 元入账，日后价值调整直接调整应收账款。利率倒推。

第三种账务处理的方法：

这里举另一个例子，花 100000 元买一张面值 90000 元，五年期，利率 10%，期末计息，到期一次还本付息的债券。

借：持有至到期投资 - 成本 90000

　　持有至到期投资—损益调整 10000

贷：银行存款 100000

这里面实质上债券的入账金额为 100000 元，为购买价格，我们把这个价格视为未来现金流量的折现值。后期按价值入账时调整"持有至到期投资—损益调整"科目。

这三种入账方法，第一种和第三种贯穿我国会计准则很多涉及远期收付款项的业务处理，如融资租赁、金融资产债权和债务的确认和计量、分期付款销售、分期付款购货。第二种国际会计准则应用较多。三者本质一致，就是将未来债权或债务用现值入账。

只不过对于第一种方案用应收账款和递延收益表达债权余额，第二种直接用应收账款，第三种用持有至到期投资－成本和持有至到期投资—损益调整两个科目表达。它们的价值都是按当期收付的对价确认的，明显基于价格＝价值这个条件。

二 三种方法的后续计量

后续处理也是围绕期末按照价值对债权入账的道理，继续前例。第一种入账方法的后续处理。

第一年末会计处理如下：

倒推利率 $100000 = 50000 \times PVIFA(i, 3)$

$i = 23.3752\%$

还第一次款项 50000

分录如下：

借：银行存款

贷：应收账款

计算此时债权的价值 $= 50000 \times PVIFA(23.3752\%, 2) = 73375.19$

此时债权账面价值 ＝ 应收账款余额 － 递延收益 ＝ 100000 － 50000 ＝ 50000

需要对债权调增 23375.19

分录如下：

借：递延收益（应收账款）——按现行会计准则为递延收益 23375.19

贷：主营业务收入 23375.19

按照现行会计准则算法，递延收益摊销数 ＝ 期初摊余成本 × 实际利率 ＝ $100000 \times 0.233752 = 23375.2$ 这与我们算法数值一致。

假设未来重新估计了还款数：第一年末 50000，第二年末40000。

计算此时债权的价值 = 50000 × PVIF（23.3752%，1）+ 40000 × PVIF（23.3752%，2）= 66805.51

此时债权账面价值 = 应收账款余额 – 递延收益 = 100000 – 50000 = 50000

需要对债权调增16805.51

分录如下：

借：递延收益（应收账款）——按现行会计准则为递延收益 16805.51

贷：主营业务收入 16805.51

按照现行会计准则，账务处理如下：

递延收益摊销数 = 期初摊余成本 × 实际利率 = 100000 × 0.233752 = 23375.2

分录如下：

借：递延收益（应收账款）——按现行会计准则为递延收益 23375.19

贷：主营业务收入 23375.19

重新估计现值 = 66805.51，此时债权账面价值 = 100000 – 50000 + 23375.19 = 73375.19

发生减值数 = 73375.19 – 66805.51 = 6569.68

分录如下：

借：资产减值损失 6569.68

贷：坏账准备 6569.68

实质上调整后债权账面价值即为66805.51，仍然是按价值入账。但会计处理麻烦很多。

第二种入账方法的后续处理：

算法一样，还款后债权价值 = 73375.19

调整分录：

借：应收账款 233375.19

贷：主营业务收入 23375.19

特殊情况略。

第三种入账方法的后续处理：

倒推利率 $100000 = 9000 \times PVIFA(i, 5) + 90000 \times PVIF(i, 5)$

$i = 7.2705\%$

一年后还利息 9000

借：银行存款 9000

贷：投资收益 9000

此时债权价值 $= 9000 \times PVIFA(7.2705\%, 4) + 90000 \times PVIF(7.2705\%, 4) = 98270.29$

此时债权的账面价值 $= 100000$

调整分录如下：

借：投资收益 1729.71

贷：持有至到期投资—利息调整 1729.71

这与会计准则的算法结果一致，但这种思维角度更加便于理解。

这里面，笔者延伸出两个新问题，一个是入账期间和计算期间的问题。一个是关于价值的计算运用倒推法的合理性问题。

笔者认为计算期间就是指计算价值的折现期间。而会计上的入账期间可能是月末或者是年末。现举例如下：

2012 年 3 月 1 日销售一件商品当前价 100000 元，分期付款的话，三年，每年 3 月 1 日支付 50000 元。

计算价值的期间参见时间轴：

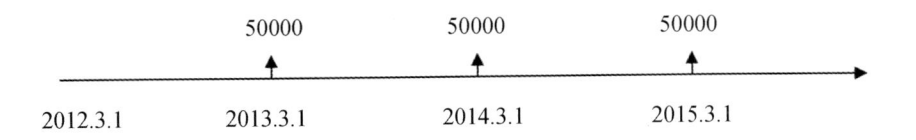

```
                    50000         50000         50000
                      ↑             ↑             ↑
  ────────────────────┼─────────────┼─────────────┼──────→
  2012.3.1        2013.3.1      2014.3.1      2015.3.1
```

而会计入账期间为每年 3 月 1 日收款时间，以及每年年末计算债权价值对账面价值调整。

此时账务处理如下：

2012 年 3 月 1 日

借：应收账款 150000

贷：主营业务收入 100000

递延收益 50000

倒推 i（年利率）

$100000 = 50000 \times PVIFA（i，3）$

$i = 23.3752\%$

先计算 2012 年 12 月 31 日债权价值 = $[50000 \times PVIFA（i，2）+ 50000]（1+i）^{3/12} = 107267.97$

此时账面价值 100000，调整分录如下：

借：递延收益 7267.97

贷：主营业务收入 7267.97

到 2013 年 3 月 1 日

借：银行存款 50000

贷：应收账款 50000

到 2013 年 12 月 31 日债权价值 = $[50000 \times PVIFA（i，1）+ 50000]（1+i）^{3/12} = 78708.08$

账面价值 = 107267.97 - 50000 = 57267.97

分录如下

借：递延收益 78708.08 - 57267.97 = 21440.11

贷：主营业务收入 21440.11

对于第二个问题，笔者认为任何交易都是特定价格，不能整体反映交易物本身价值，按照财务管理的角度看价值的计算应该按照投资人的必要报酬率计算，或按筹资人的资本成本计算。当然如果不用倒推法就涉及初始计量要确认交易损益的问题。

如上例 2012 年 3 月 1 日，假设卖方必要报酬率为 25%，那么债权的价值即为 $50000 \times PVIFA（0.25，3）= 97600$，账务处理如下：

借：应收账款 150000
　　　交易损失 2400
贷：主营业务收入 100000
　　　递延收益 52400

这恰好反映了此项交易，公司同现货交易相比亏损 2400 元。

第六章　浅析我国新《租赁》准则的会计处理

我国于 2018 年底出台《租赁》会计准则，与之前租赁准则相比，用语更加严谨，并引入租赁的识别和租赁合同变更。承租人除短期租赁和低价值资产租赁，不再区分融资租赁和经营租赁。出租人在售后租赁的确认和计量方面有较大改变，承租人为生产商的核算有新的核算要求。总体上《租赁》准则的制定体现了在我国金融市场越加繁荣，金融市场越加规范的前提下，在会计核算上更加重视合同实质，进一步引入公允价值的运用。在核算要求上力求简洁有效，内容与 IFRS16 趋同。文章对认定为租赁的合同如何进行账务处理进行分析，为教学和实务提供有益的案例。短期租赁和低资产价值租赁由于比较简单，不在此探讨。

一　承租人的账务处理

例 1　甲公司承租乙公司一台设备，此设备在乙公司累计折旧 2 万元，原值 3 万元，公允价值 2.5 万元。租期 3 年，每年年末支付租金一万元，甲公司初始直接费用 1 万元，乙公司也发生初始直接费用 1 万元。甲公司担保资产余值 1 万元，未担保余值 0.5 万元，租期满两年后根据消费者价格指数变化调整租金，签订合同时指数 100，租赁期结束后行使购买权购买资产，购置价格 0.2 万元。设备使用寿命预计 5 年。甲公司预计 5 年后需支付 1.2 万元恢复环境，甲公司新增借款利率10%。为达成协议乙公司支付甲公司一笔款项0.5万元。设备于年底12月31日运抵甲公司。

我们介绍甲公司的业务处理：

对于使用权资产的确认包含承租人的初始直接费用和租赁付款额（包含可变租赁付款额，如果到期归还则包含担保余值不包含购置价格，如行使购买权则不包含担保余值但包括购置价格）的现值，扣除租赁激励。对于租赁负债确认为尚未支付租赁付款额的现值。

甲公司的资金流如下（假设行使回购权）：

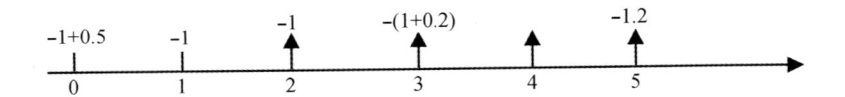

1. 计算租赁付款额现值（扣除激励）

$$v = \frac{1}{1+10\%} + \frac{1}{(1+10\%)^2} + \frac{1+0.2}{(1+10\%)^3} - 0.5$$

$$= 2.1371$$

2. 计算恢复环境导致1.2万元现金流出的现值

$$v = \frac{1.2}{(1+10\%)^5}$$

$$= 0.7451$$

3. 计量租入资产

$1 + 2.1371 + 0.7451 = 3.8822$

会计处理：

借：固定资产 3.8822

银行存款 0.5

贷：长期应付款（租赁负债）2.6371

预计负债 0.7451

银行存款 1

4. 计算租赁负债，尚未支付租赁付款额现值，不包含激励的

扣除

$$v = \frac{1}{1+10\%} + \frac{1}{(1+10\%)^2} + \frac{1+0.2}{(1+10\%)^3}$$
$$= 2.6371$$

5. 后续处理

第一年末账务处理：

对固定资产按照五年计提折旧，假设残值为 0，直线法计提折旧。

借：制造费用 0.77644

贷：累计折旧 0.77644

采用实际利率法确认利息费用：

借：财务费用（2.6371×10%）0.26371

贷：长期应付款（租赁负债）（2.6371×10%）0.26371

偿还租金

借：长期应付款（租赁负债）1

贷：银行存款 1

采用实际利率法计量或有负债

借：制造费用 0.07451

贷：预计负债（0.7451×10%）0.07451

假设此时会计人员判断明年年末消费者价格指数 200，后年末 300，需要重新考虑未来资金流变化。

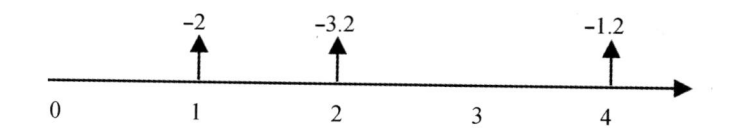

重新计算剩余期间租赁负债现值，此种变化用原来的折现率。

$$v = \frac{2}{1+10\%} + \frac{3.2}{(1+10\%)^2} = 4.46281$$

此时租赁负债账面价值 = 2.6371 + 0.26371 - 1 = 1.90081，应调

增账面价值 4.46281 - 1.90081 = 2.562

账务处理：

借：固定资产 2.562

贷：长期应付款（租赁负债）2.562

第二年末账务处理：

重新计算折旧数：

(3.8822 - 0.77644 + 2.562) / 4 = 1.41694

借：制造费用 1.41694

贷：累计折旧 1.41694

采用实际利率法确认利息费用：

借：财务费用（4.46281 × 10%）0.446281

贷：长期应付款（租赁负债）（4.46281 × 10%）0.446281

偿还租金

借：长期应付款（租赁负债）2

贷：银行存款 2

采用实际利率法计量或有负债

借：制造费用 0.081961

贷：预计负债（0.7451 + 0.7451 × 10%）× 10% 0.081961

二　出租人的账务处理

例2　甲公司承租乙公司一台设备，此设备在乙公司累计折旧 2 万元，原值 3 万元，公允价值 2.5 万元。租期 3 年，每年年末支付租金 1 万元，甲公司初始直接费用 1 万元，乙公司也发生初始直接费用 1 万元。甲公司担保资产余值 1 万元，未担保余值 0.5 万元，租期满两年后根据消费者价格指数变化调整租金，签订合同时指数 100，租赁期结束后不行使购买权购买资产。设备使用寿命预计 5 年。为达成协议乙公司支付甲公司一笔款项 0.5 万元。设备于年底 12 月 31 日运抵甲公司。

出租人需要考虑租赁的划分,假设此项租赁属于融资租赁。出租人相关资金流如下:

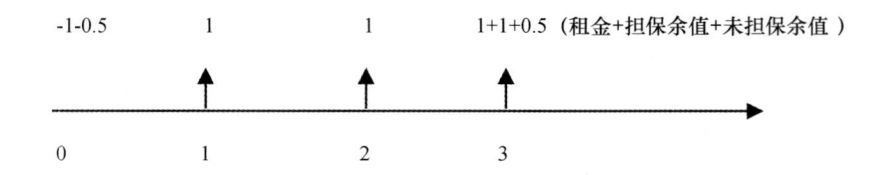

```
-1-0.5        1           1         1+1+0.5(租金+担保余值+未担保余值)
   ↑          ↑           ↑           ↑
───┼──────────┼───────────┼───────────┼────────────→
   0          1           2           3
```

计算租赁内含利率

$$2.5 + 1 = \frac{1}{1+i} + \frac{1}{(1+i)^2} + \frac{2.5}{(1+i)^3} - 0.5$$

$$i = 5.2166\%$$

确认应收融资租赁款,同时终止确认原有资产。根据准则要求应收融资租赁款应按照租赁投资净额计算即尚未收到租赁收款额和未担保余值按照内含利率折现的现值,金额正好等于上式右边0.5(按照发生时间属于已经收到租赁收款额减项)+公式左边即资产公允价值和初始直接费用2.5+1+0.5=4元。

借:应收融资租赁款 4
　　累计折旧 2
贷:固定资产 3
　　资产处置损益 1.5
　　银行存款 1.5

后续计量

第一年末账务处理:

用实际利率法确认收入

借:应收融资租赁款(4×5.2166%)0.208664
贷:主营业务收入(4×5.2166%)0.208664

收到租金

借:银行存款 1
贷:应收融资租赁款 1

年底根据会计判断，后两年根据价格指数租金应为 2 万元、3 万元。会计需要重新计算内含利率

$$2.5 + 1 = \frac{1}{1+i} + \frac{2}{(1+i)^2} + \frac{4.5}{(1+i)^3} - 0.5$$

$$i = 30\%$$

未来新的资金流如下：

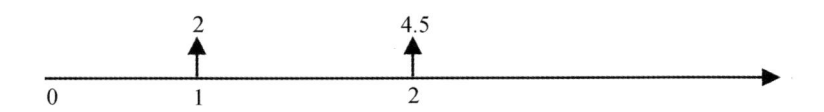

$$应确认应收融资租赁款 = \frac{2}{(1+30\%)^1} + \frac{4.5}{(1+30\%)^2} = 4.2012$$

当前账上应收融资租赁款余额 = 4 + 0.208664 − 1 = 3.208664

应调增 4.2012 − 3.208664 = 0.992536

借：应收融资租赁款 0.992536

贷：主营业务收入 0.992536

第二年末账务处理：

用实际利率法确认收入

借：应收融资租赁款（4.2012×30%）1.26036

贷：主营业务收入 1.26036

收到租金：

借：银行存款 2

贷：应收融资租赁款 2

三 出租人为生产商的账务处理

例 3　甲公司承租乙公司一台设备，此设备为乙公司产品，成本 1 万元，公允价值 2.5 万元。租期 3 年，每年年末支付租金 1 万元，

甲公司初始直接费用 1 万元，乙公司也发生初始直接费用 1 万元。甲公司担保资产余值 1 万元，未担保余值 0.5 万元，租赁期结束后不行使购买权购买资产。设备于年底 12 月 31 日运抵甲公司。为达成协议乙公司支付甲公司一笔款项 0.5 万元。

假设市场利率为 5.2166%，租赁收款额的现值 =

$$\frac{1}{1+5.2166\%} + \frac{1}{(1+5.2166\%)^2} + \frac{2}{(1+5.2166\%)^3} - 0.5 = 3.0707$$

大于资产公允价值。未担保余值的折现值 = $\frac{0.5}{(1+5.2166\%)^3}$ = 0.4293

账务处理如下：

借：应收融资租赁款 2.5

贷：主营业务收入 2.5

借：主营业务成本 0.5707

　　应收融资租赁款 0.4293

贷：库存商品 1

生产商出租人为取得融资租赁发生的成本，应当在租赁开始日计入当期损益。

借：销售费用 1.5

贷：银行存款 1.5（包含激励和初始直接费用）

后续计量：

计算实际利率

$$2.5 + 0.4293 = \frac{1}{1+i} + \frac{1}{(1+i)^2} + \frac{1+1+0.5}{(1+i)^3}$$

$$I = 20.8374\%$$

每期按照实际利率法确认融资收入

借：应收融资租赁款 2.9293 × 20.8374%

贷：其他业务收入 0.6104

收到租金？

借：银行存款 1

贷：应收融资租赁款 1

例4　同例3，资产公允价值为 4

租赁日账务处理如下：

借：应收融资租赁款 3.0707

贷：主营业务收入 3.0707

借：主营业务成本 0.5707

　　应收融资租赁款 0.4293

贷：库存商品 1

此时应收融资租赁款总账面余额为 3.5 万元，为租赁收款额和未担保余值按照市场利率折现值之和。但不是一般出租人对应收融资租赁款的计量，参见例2。根据准则要求应收融资租赁款应按照租赁投资净额计算即尚未收到的租赁收款额和未担保余值按照内含利率折现的现值。

四　售后租回交易的处理

与原有的准则不同，出租人和承租人需要区别此项交易中资产转让属于销售还是租赁。本文例题均认定为销售。

例5　甲公司出售乙公司一台设备，约定租回，原值 3 万元，累计折旧 2 万元，公允价值 2.5 万元，销售价 2.5 万元。资产使用寿命 10 年，租期 5 年，每年年末支付租金 1 万元，甲公司初始直接费用 1 万元，乙公司发生初始直接费用 1 万元。甲公司担保资产余值 1 万元，未担保余值 0.5 万元，租赁期结束后不行使购买权购买资产。设备于年底 12 月 31 日运抵甲公司，新增贷款利率 10%。不考虑税费。

甲公司账务处理

1. 识别资产使用权

因为本例中销售与租赁合在一起，无法将销售和租赁单独确认计量,根据准则要求应采用合理方法确认使用权资产。本例中使用权资产按照租期与资产使用寿命的比例确认。

本例中资产使用寿命10年,租期5年,资产使用权应为账面价值 $1 \times 50\% = 0.5$,租赁负债 $v = \dfrac{1}{1+10\%} + \dfrac{1}{(1+10\%)^2} + \dfrac{1+1}{(1+10\%)^3} = 3.2382$。

2. 租赁日账务处理

借:银行存款 2.5
　　固定资产 0.5 + 1
　　累计折旧 2
　　资产处置损益 1.2382
贷:固定资产 3
　　长期应付款(租赁负债)3.2382
　　银行存款 1

3. 后续账务处理

对固定资产计提折旧,分录略。

对租赁负债按照实际利率法确认利息费用

借:财务费用(3.2382 × 10%)0.032382
贷:长期应付款(租赁负债)0.032382

乙公司会计处理

购入时:

借:固定资产 2.5
贷:银行存款 2.5

计算内含利率 $1 + 2.5 = \dfrac{1}{1+i} + \dfrac{1}{(1+i)^2} + \dfrac{1+1+0.5}{(1+i)^3}$

I = 11.5665%

借:应收融资租赁款 3.5
贷:固定资产 2.5

银行存款 1

后续对应收融资租赁款用实际利率计量收入，分录略。

例6　甲公司出售乙公司一台设备，约定租回，原值 3 万元，累计折旧 2 万元，公允价值 2.5 万元，销售价 3.5 万元。资产使用寿命 10 年，租期 5 年，每年年末支付租金 1 万元，甲公司初始直接费用 1 万元，乙公司发生初始直接费用 1 万元。甲公司担保资产余值 1 万元，未担保余值 0.5 万元，租赁期结束后不行使购买权购买资产。设备于年底 12 月 31 日运抵甲公司，新增贷款利率 10%。不考虑税费。

此例中，售价高于公允价值，这 1 万元作为新的融资确认负债的增加。

甲公司会计处理

1. 识别资产使用权

因为本例中销售与租赁合在一起，无法将销售和租赁单独确认计量，根据准则要求应采用合理方法确认使用权资产。本例中使用权资产按照租期与资产使用寿命的比例确认。

本例中资产使用寿命 10 年，租期 5 年，资产使用权应为账面价值 $1 \times 50\% = 0.5$，租赁负债 $v = \dfrac{1}{1+10\%} + \dfrac{1}{(1+10\%)^2} + \dfrac{1+1}{(1+10\%)^3} = 3.2382$。

本例中公允价值与售价之差 1，是一项新的融资。

2. 租赁日账务处理

借：银行存款 3.5

　　固定资产 0.5 + 1

　　累计折旧 2

　　资产处置损益 1.2382

贷：固定资产 3

　　长期应付款（租赁负债）3.2382

长期应付款（新融资）1
  银行存款 1

3. 后续账务处理

对固定资产计提折旧，分录略。

对租赁负债和新增融资按照实际利率法确认利息费用

计算实际利率

$$3.2382 + 1 = \frac{1}{1+i} + \frac{1}{(1+i)^2} + \frac{1+1}{(1+i)^3}$$

$$I = 2.528\%$$

对租赁负债按照实际利率法确认利息费用

借：财务费用（4.2382×2.528%）

贷：长期应付款（租赁负债）3.2382×2.528%

  长期应付款（新融资）1×2.528%

归还租金时：

借：长期应付款（租赁负债）1/（3.2382+1）×3.2382

  长期应付款（新融资）1/（3.2382+1）×1

贷：银行存款 1

乙公司会计处理：

购入时：

借：固定资产 3.5

贷：银行存款 3.5

计算内含利率 $1 + 2.5 = \frac{1}{1+i} + \frac{1}{(1+i)^2} + \frac{1+1+0.5}{(1+i)^3}$

$I = 11.5665\%$

借：应收融资租赁款 2.5+1

  应收融资租赁款 1（公允价值与售价差）

贷：固定资产 3.5

  银行存款 1

计算实际利率

$$4.5 = \frac{1}{1+i} + \frac{1}{(1+i)^2} + \frac{1+1+0.5}{(1+i)^3}$$

后续对应收融资租赁款用实际利率计量收入，分录略。

例7　甲公司出售乙公司一台设备，约定租回，原值3万元，累计折旧2万元，公允价值2.5万元，销售价1.5万元。资产使用寿命10年，租期5年，每年年末支付租金1万元，甲公司初始直接费用1万元，乙公司发生初始直接费用1万元。甲公司担保资产余值1万元，未担保余值0.5万元，租赁期结束后不行使购买权购买资产。设备于年底12月31日运抵甲公司，新增贷款利率10%。不考虑税费。

此例中，售价低于公允价值，这1万元作为新的融资确认负债的增加。

甲公司会计处理

1. 识别资产使用权

因为本例中销售与租赁合在一起，无法将销售和租赁单独确认计量，根据准则要求应采用合理方法确认使用权资产。本例中使用权资产按照租期与资产使用寿命的比例确认。

本例中资产使用寿命10年，租期5年，资产使用权应为账面价值 $1 \times 50\% = 0.5$，租赁负债 $v = \frac{1}{1+10\%} + \frac{1}{(1+10\%)^2} + \frac{1+1}{(1+10\%)^3} = 3.2382$。

本例中公允价值与售价之差1，是一项预付租金。

2. 租赁日账务处理

借：银行存款1.5
　　固定资产0.5+1
　　长期应付款（租赁负债）1
　　累计折旧2
　　资产处置损益1.2382

贷：固定资产 3

　　长期应付款（租赁负债）3.2382

　　银行存款 1

3. 后续账务处理

对固定资产计提折旧，分录略。

对租赁负债和新增融资按照实际利率法确认利息费用

计算实际利率

$$3.2382 - 1 = \frac{1}{1+i} + \frac{1}{(1+i)^2} + \frac{1+1}{(1+i)^3}$$

$$I = 30.9294\%$$

对租赁负债按照实际利率法确认利息费用

借：财务费用（2.2382×30.9294%）

贷：长期应付款（租赁负债）（2.2382×30.9294%）

归还租金时：

借：长期应付款（租赁负债）1

贷：银行存款 1

乙公司会计处理

购入时：

借：固定资产 1.5

贷：银行存款 1.5

计算内含利率 $1 + 2.5 = \frac{1}{1+i} + \frac{1}{(1+i)^2} + \frac{1+1+0.5}{(1+i)^3}$

$I = 11.5665\%$

借：应收融资租赁款 2.5 + 1

贷：固定资产 1.5

　　应收融资租赁款 1（公允价值与售价差）

　　银行存款　1

计算实际利率

$$2.5 = \frac{1}{1+i} + \frac{1}{(1+i)^2} + \frac{1+1+0.5}{(1+i)^3}$$

后续对应收融资租赁款用实际利率计量收入，分录略。

通过例6和例7，无论融资人还是出租人，实际利率都是由于售价显示公允，对原有租金收支的调整。

参考文献

著作类

吴敬琏：《读懂新常态——大变局与新动力》，中信出版集团 2016 年版。

石建国：《东北工业百年简史》，中国人民大学出版社 2015 年版。

李锦：《国企改革顶层设计解析》，中国言实出版社 2015 年版。

杨英杰等：《做优国企——改革新版本》，清华大学出版社 2017 年版。

王承礼等：《苦难与斗争十四年》（下），中国大百科全书出版社 1995 年版。

金凤君、王姣娥、杨宇等著：《新时期东北地区"创新与发展"研究》，科学出版社 2018 年版。

朱建华主编：《东北解放区财政经济史稿》，黑龙江人民出版社 1987 年版。

薛衔天：《中苏关系史（1945—1949）》，四川人民出版社 2003 年版。

柳随年、吴群敢主编：《恢复时期的国民经济》，黑龙江人民出版社 1984 年版。

刘信君：《毛泽东与东北解放战争》，吉林人民出版社 2004 年版。

中国工业经济研究与开发促进会课题组：《老工业基地的新生——中国老工业基地改造与振兴研究》，经济管理出版社1995年版。

孟宪章主编：《中苏经济贸易史》，黑龙江人民出版社1991年版。

汪海波主编：《新中国工业经济史》，经济管理出版社1986年版。

中国黑龙江省委党史研究室编：《一五时期黑龙江国家重点工程的建设与发展》，中共党史出版社1998年版。

高峰主编：《历史，永远铭记创业的辉煌——"一五"时期辽宁重点工程建设始末》，辽宁人民出版社1995年版。

李华忠、张羽主编：《鞍钢四十年》，辽宁人民出版社1989年版。

李伯重：《江南的早期工业化（1550—1850年）》，社会科学文献出版社2000年版。

赵文林、谢淑君：《中国人口史》，人民出版社1998年版。

王泰平主编：《中华人民共和国外交史（1957—1969）》第2卷，世界知识出版社1998年版。

沈志华：《历史考察：中苏同盟的经济背景——对中苏经济关系的初步研究（1948—1953）》，香港中文大学出版社2000年版。

林毅夫等：《中国的奇迹：发展战略与经济改革》，上海人民出版社1994年版。

张柏春：《中国近代机械简史》，北京理工大学出版社1992年版。

沈志华：《苏联专家在中国（1948—1960）》，中国国际广播出版社2003年版。

陈夕：《中国共产党与156项工程》，中共党史出版社2015年版。

武力：《中国共产党与当代中国经济发展研究（1949—2006）》，中共党史出版社2008年版。

汪海波：《中华人民共和国工业经济史》，山西经济出版社1998年版。

汪海波：《新中国工业经济史（1949—1957）》，经济管理出版社1994年版。

赵德馨主编：《中国经济通史》第9卷，湖南人民出版社2002年版。

李锦斌主编：《吉林工业史鉴》，吉林人民出版社2004年版。

中共中央、国务院《关于深化国有企业改革的指导意见》，2015年9月。

中共中央办公厅《关于在深化国有企业改革中坚持党的领导加强党的建设的若干意见》，2015年9月。

中共中央、国务院《关于全面振兴东北地区等老工业基地的若干意见》，2016年。

银温泉：《推动东北地区国企改革，不妨设立国企改革试验区》，《经济参考报》2019年7月8日。

期刊类

尤春明：《基于多元分析的财务报告分析模式研究》，《会计之友》2016年第11期。

李月鹏、尤春明：《企业合并报表编制方法探析》，《经济研究导刊》2016年第10期。

尤春明、李月秋：《风险在财务决策中的应用研究——以TCL公司为例》，《财会通讯》2015年第3期。

尤春明：《追溯调整法运用浅探》，《财会通讯》2014年第1期。

尤春明：《摊余成本问题探讨》，《财会月刊》2013年第10期。

宁艳杰、尤春明：《黑龙江省建设"中蒙俄经济走廊"面临的制约因素及解决策略研究》，《知识经济》2018年第10期。

后　　记

新时代实现东北老工业基地全面振兴、全方位振兴是推进我国经济结构战略性调整、提高我国产业国际竞争力的战略举措，是促进区域协调发展、打造新经济支撑带的重大任务。东北地区战略地位十分重要，2016年4月中共中央、国务院发布《关于全面振兴东北地区等老工业基地的若干意见》，2018年9月习近平总书记到东北三省考察，主持召开深入推进东北振兴座谈会并发表重要讲话，龙江大地吹响了深入推进东北振兴的号角。编写本书将对深入贯彻习近平总书记对黑龙江的重要讲话精神、重要指示和重要批示精神，深化各项改革，补齐民生短板，以新姿态、新作为加快"六个强省"建设，推进龙江振兴发展起到积极的推动作用。

2018年9月26日，习近平总书记在齐齐哈尔中车齐车集团有限公司考察时强调要"加强自主创新、练好内功"，东北地区国有企业如何通过创新体制机制盘活经济，如何通过创新技术打破垄断，如何通过创新管理模式激活内生动力，都是值得理论工作者潜心研究的重大理论与实践课题。相信通过本书的出版将为黑龙江优化营商环境提供重要助力，将为黑龙江乃至东北的全面振兴发展提供智力支持。

我国深化财税体制改革的目标是构建与"国家治理体系和治理能力现代化相适应"的现代财税制度。为更好的服务我国市场经济，我国会计准则进行较大修订，与国际会计准则趋同，这些财税政策的变化与东北国有企业的财税制度改革密不可分。本书回顾了东北地区国企改革的实践探索历程，对东北国企改革尤其是财税制度改革进行了较为系统的梳理，并密切关注国家财税制度的新动向。作者对东北地区国企发展的现状进行深入调研，解析东北国企面临困境的深层次原因，提出东北地区国企深化改革、不断完善中国特色现代企业制度的基本路径，将为东北地区国企发挥担当作用、助力龙江振兴贡献绵薄之力。

　　本书是黑河学院教师尤春明、宁艳杰、张继周、李月秋四人合作下完成的，其中宁艳杰完成第一部分，尤春明完成第二部分，张继周完成第三部分，尤春明、宁艳杰共同完成第四部分，李月秋参与全程校稿工作，感谢黑河学院对本书撰写过程大力支持。

　　最后，特别要感谢中国社会科学出版社的宋燕鹏先生对本书的出版所给予的支持和指导。

　　由于我们水平有限，加之时间仓促，本书难以做到差强人意，敬请读者批评指正。

2020 年 3 月 6 日